Portfolioarbeit leicht gemacht

Die Stufenblätter für die Grundschule

Impressum

Portfolioarbeit leicht gemacht
Die Stufenblätter für die Grundschule

Herausgeberin
Antje Bostelmann
© Bananenblau UG (haftungsbeschränkt), Berlin
1. Auflage 2010
ISBN 978-3-942334-12-9

Autoren
Antje Bostelmann, Benjamin Bell, Michael Fink

Mit Unterstützung von
Agneta Zetterström, Helsingborg / Schweden

Titelfoto / Fotos
Barbara Dietl – www.dietlb.de

Illustration
Natascha Welz

Gestaltung
Eleonora Weber

Lektorat
Katrin Reister, Erika Berthold, Ines Tabbert

Druck
Druckerei Press Group, s.r.o.
Gedruckt auf chlorfrei gebleichtem Papier.

Verlag
Bananenblau UG (haftungsbeschränkt)
Der Praxisverlag für Pädagogen
Arkonastr. 45-49
13189 Berlin

Telefon: 030 477 96 0
Fax: 030 477 96 204
E-Mail: info@bananenblau.de
www.bananenblau.de

BANANENBLAU
Der Praxisverlag für Pädagogen

Inhalt

Vorwort

„Nicht die Schule ist die beste, in welcher die Kinder die meisten Kenntnisse empfangen, sondern diejenige, in welcher die Kinder auf dem Wege der Selbsttätigkeit sich ihre Bildung erarbeiten."

Karl Kehr (1830 - 1885), deutscher Lehrer und pädagogischer Schriftsteller

Sich auf dem Wege der Selbsttätigkeit Bildung erarbeiten – es ist schon ein altbekanntes pädagogisches Thema, um das es in diesem Buch geht. Lehrerinnen und Lehrer wissen seit Generationen, dass Schüler am nachhaltigsten lernen, wenn ihr eigener Anteil am Erwerb einer Kompetenz hoch ist. Der Hintergrund dafür ist ja auch eigentlich nicht zu übersehen: Der Mensch lernt in aller Regel gerne von sich aus, aktiv und aus eigenem Antrieb. Zum Lernen geführt und dabei kleinschrittig begleitet zu werden, entspricht kaum unserem von der Natur mitgegebenem Bedürfnis nach Erkenntnis und Zugewinn an Fähigkeiten. Ist es übertrieben zu behaupten, dass die Geschichte der Menschheitsentwicklung eine Erfolgsstory des selbstorganisierten Lernens ist?

Schüler können ihr Lernen selbst organisieren. Das ist beileibe keine Beschreibung eines überall erreichten Zustandes, aber ein Ziel, ein Auftrag für die Schule von heute. Viele Lehrerinnen und Lehrer gehen derzeit mutige Schritte auf dieses Ziel zu: Sie etablieren unterschiedliche Formen geöffneten Unterrichts. Sie besprechen mit Schülern, welches Ziel sie sich setzen könnten. Besondere Erfolge der Schüler werden vielerorts in Portfolios abgeheftet und in der Schulöffentlichkeit präsentiert.

Dieses Buch – zusammen mit weiteren Veröffentlichungen im jungen Bananenblau-Verlag zum gleichen Thema – möchte die Diskussion einen Schritt weiter bringen. Wir möchten mit dem Buch die Methode der Stufenblätter, verbunden mit der Portfolioarbeit, vorstellen. Mit drei Sätzen erklärt: Bei den Stufenblättern handelt es sich um Listen, auf denen alle wesentlichen Kompetenzen, die ein Schüler in der Schule erreichen soll, in Teilschritten aufgeführt sind. Indem diese Ziele des Lernens in einer übersichtlichen und verständlichen Form beschrieben sind, ermöglichen es die Listen allen am Lernprozess Beteiligten (Schüler, Lehrer, Eltern) daran auch aktiv mitzuwirken und den Prozess mit zu organisieren. Mit den Listen gelingt es, Schülern Einblick in alle Ziele ihres Lernens zu geben und sie mitentscheiden zu lassen, wie sie diese erreichen und ob sie diese erreicht haben. Und vor allem gelingt es mit der Stufenblatt-Methode, die Blickrichtung der Lehrer zu verändern: Weg von dem „was die Klasse kann" hin zu dem, was jeder einzelne Schüler kann, was er nicht so gut kann und was er als nächstes lernen sollte.

Antje Bostelmann

Michael Fink

Benjamin Bell

Die Arbeit mit Portfolios und Stufenblättern verändert das Lernen in der Schule entscheidend: Es ist nicht mehr nur die Sache der Lehrerin*, das Ziel des Lernens zu kennen und im Auge zu behalten, während der Schüler sich getrost dorthin führen lässt – oder auch nicht. Wenn wir die Schüler bei der Frage nach den Zielen des Lernens einbeziehen, muss sich unsere Lehrerrolle verändern: Wir müssen erklären und diskutieren, statt den Weg vorzugeben. Vielleicht ändert sich dennoch die Schülerrolle viel stärker: Diejenigen, die sich vorher nur darauf einlassen mussten, wohin wir sie zu führen gedenken, müssen nun über den Weg der Zielerreichung nachdenken, werden immer mehr verantwortlich für ihren eigenen Weg zum Lernen. Unsere Erfahrung ist: Es tut Schülern gut, sich diese neue Rolle zu erarbeiten, ganz bestimmt auch im Hinblick auf ihr späteres Erwachsenenleben. Und es tut der Schule gut, wenn durch selbstorganisiertes Lernen das Hierarchiegefälle von Lehrenden zu Lernenden flacher wird.

Die Stufenblätter erlauben es, Schüler in die Zielfrage einzubeziehen und sie geben Lehrerinnen eine gute Grundlage, um differenzierten Unterricht zu planen. Eng verzahnt damit ist die Portfolioarbeit, denn sie ermöglicht das, was Listen mit Kompetenzen alleine nicht bieten: Mit einem Portfolio-Blatt kann für die am Lernprozess Beteiligten emotional erfahrbar gemacht werden, was es bedeutet, wenn man wieder eine der Kompetenzen auf dem Stufenblatt erreicht hat: Etwas Neues können und wieder seine Handlungsmöglichkeiten erweitert haben. Die Methode mit den Stufenblättern bewirkt aber nicht automatisch, dass sich Unterricht und das Zusammenleben in der Lerngruppe grundlegend verändern – dazu braucht es mehr. Vorschläge zu veränderten Unterrichtsformen machen wir in unserer parallelen Veröffentlichung „Kompetenzorientierung leicht gemacht“ im Bananenblau-Verlag.

Die Methode der Arbeit mit Stufenblättern und Portfolios haben wir in schwedischen Schulen und Vorschulen kennen gelernt. Sie ist dort unter dem Begriff „Individuelle Entwicklungsplanung“ – kurz IEP – bekannt und wurde maßgeblich von der schwedischen Pädagogik-Beraterin Agneta Zetterström entwickelt. In Berlin wurde die Methode von den uns nahe stehenden KLAX-Schulen auf deutsche Verhältnisse angepasst und weiterentwickelt.[1] Mit diesem Buch möchten wir Ihnen nicht nur die Stufenblattmethode vorstellen und empfehlen, sondern auch zur Weiterentwicklung ermuntern: Erproben Sie die Arbeitsformen und verändern Sie sie Ihrer Situation entsprechend. So können Sie sie quasi neu erfinden und sie schließlich als Ihre eigenen Werkzeuge betrachten.

Dabei wünschen wir Ihnen viel Erfolg und würden uns freuen, wenn Sie uns von Ihren Erfahrungen berichten.

Antje Bostelmann, Michael Fink und Benjamin Bell
Berlin, Oktober 2010

* Um den Lesefluss nicht zu behindern, haben wir im Fließtext mal die weibliche, mal die männliche Form gewählt. Es dürfen sich aber immer beide Geschlechter angesprochen fühlen.

[1] Da die Berliner Grundschule sechsjährig ist, liegen für sechs Grundschuljahre Stufenblätter vor. In diesem Buch finden Sie aus Gründen der Vereinheitlichung nur Blätter für Klasse 1 – 4; die Folgeblätter können Sie jedoch bei Bedarf beim Bananenblau-Verlag bestellen.

Übersicht über die Schritte des Selbstorganisierten Lernens

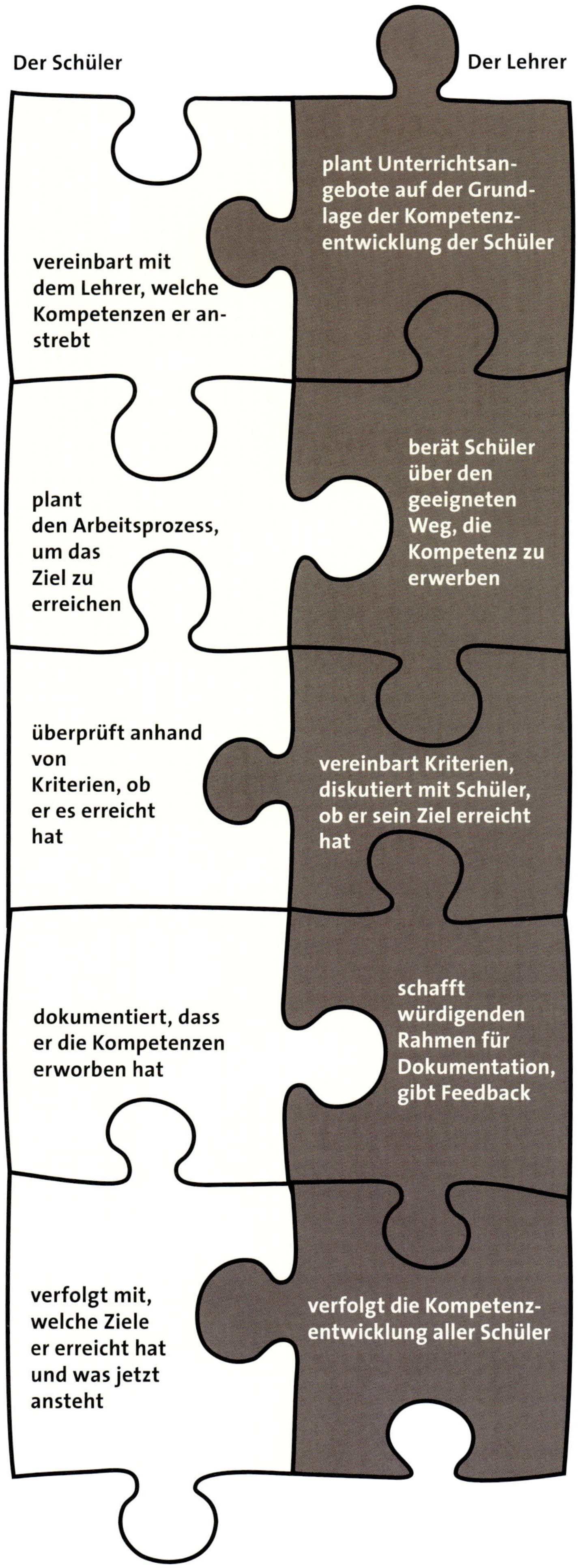

Für alle die gleiche Aufgabe?
Für jeden gleich spannende Herausforderungen!

Beim Planen den Blick von der Klasse auf das einzelne Kind richten – das sagt sich einfach: Praktisch vervielfacht sich der Fokus des Lehrenden, wenn er nicht mehr auf seine „ziemlich leistungsfähige 3c" mit ein paar besonders fitten und anderen, besonders langsamen Schülern, sondern auf jeden der vielleicht fünfundzwanzig Schüler schaut. Hat es nicht bisher irgendwie funktioniert, wenn man für alle gemeinsam und für die Langsamen vielleicht ein bisschen intensiver plante?

Oder haben wir einfach nur übersehen, wie Lernprozesse ablaufen, wenn sie an den Potentialen und Bedürfnissen eines großen Teils der Gruppe schlicht vorbeigehen, weil unsere Aufgabe den Schülern entweder zu schwer, zu leicht, zu bekannt oder allzu fern ist?

Sie kennen die Karikatur vielleicht: Vier Tiere, ein Elefant, ein Affe, ein Vögelchen und ein Käfer stehen vor einem Baum. Ein Pädagoge steht vor ihnen und verkündet, was zu tun ist: „Die Aufgabe ist für alle gleich: Klettert auf diesen Baum!"

Das Bild ist eine bittere Parabel auf unser Bildungssystem, zu dessen Stärken Chancengleichheit nicht gehört. Vielleicht sieht der Lehrer zu, wie die einen scheitern und die anderen Erfolg haben, obwohl er jedes der vier Wesen nach Kräften fördern müsste, damit sie die Aufgabe bewältigen. Was könnte er tun?

Dem Affen zeigt er einen Klettertrick, den der noch nicht kennt, ermuntert ihn und schon ist der Affe oben: Ziel erreicht!

Sehr viel schwieriger ist es beim Elefanten, denn der Pädagoge weiß, dass das schwere Tier niemals aus eigener Kraft auf den Baum gelangen kann. Also löst er das Problem technisch und bestellt eine Hebebühne: Nun weiß der Elefant, wie es sich anfühlt, wenn man oben ist.

Den Käfer könnte der Pädagoge krabbeln lassen, aber angesichts der kurzen Beine dauert das ewig. Also lässt er ihn ein Stück krabbeln, den Rest des Weges trägt er ihn. So, auch oben!

Das Vögelchen kann etwas, das der Pädagoge nicht kann, nämlich fliegen. Nun hat er zwei Möglichkeiten: Entweder lässt er den Vogel hochfliegen und ermahnt ihn, unterwegs auf die anderen zu warten, die es nicht so gut haben. Oder er fordert ihn auf, nicht zu fliegen, sondern zu klettern, wie es der Aufgabenstellung entspricht.

Sind alle Tiere auf dem Baum, kann der Pädagoge darüber nachdenken, ob er sie individuell gefördert hat. Wem wurde die Aufgabe gerecht?

Gewiss dem Affen, der quasi dem Durchschnittskind entspricht, an dem der Pädagoge die Aufgabe ausgerichtet hatte. Alle anderen Tiere kamen schlecht weg: Der Vogel fühlte sich unterfordert, musste gelangweilt

warten oder klettern lernen, was er sonst gar nicht braucht. Der Elefant war frustriert, weil er merkte, dass ihm nur vorgegaukelt wurde, er habe es selbst geschafft. Auch der Käfer war sauer: Was waren schon seine gekletterten Zentimeter gegen das lange Stück, das er getragen wurde?

Eine ähnliche Situation finden wir in zahlreichen Klassenräumen. Die Angebote sind auf den Durchschnitt ausgerichtet, dürften durchschnittliche Kinder interessieren und sie weder über- noch unterfordern. Allen anderen, den schnelleren oder langsameren, wird schon irgendwie geholfen werden – wie dem Elefant, dem Käfer und dem Vogel.
„Jeden dort abholen, wo er steht", das sagt sich leicht. Tatsächlich verlangt es einen viel intensiveren Blick auf jedes einzelne Kind, als wir es gewohnt sind, vor allem aber eine ganz andere Art des Planens. Statt des einen Angebots, das irgendwie auf die meisten Kinder der Gruppe zugeschnitten sein soll, müssen wir verschiedene Angebote – entsprechend verschiedener Ausgangslagen – planen. Das heißt: Wir dürfen nicht erst planen, um den Plan nachträglich entsprechend der Unterschiedlichkeit der Kinder zu verändern. Vielmehr müssen wir erst die Unterschiedlichkeit der Kinder erfassen und auf dieser Grundlage dann einen Plan entwickeln.

Unser Tier-Pädagoge wäre vielleicht gut beraten, wenn er die Aufgabe zunächst allgemeiner fasst: „Mit eigener Körperkraft an einen Ort gelangen, an dem man noch nie war." Nun kann er für jedes Tier eine zu dessen Voraussetzungen passende Aufgabe schneidern: Der Affe soll den Baum erklettern. Der Elefant erhält die Aufgabe, sich mit dem Rüssel ein Stück an einem Ast hochzuziehen. Der Käfer soll eine Blume erklettern. Der Vogel soll bis zu einem weit entfernten Baum fliegen, ohne zwischendurch zu landen.
Vier unterschiedliche Ziele für vier unterschiedliche Wesen und doch haben alle die gleiche Aufgabe: an einen bisher unerreichten Ort gelangen. Für alle Vier ist das ähnlich schwierig. Deshalb können alle stolz sein, wenn sie es geschafft haben.

Wie unterschiedlich sind Lerntempi, besondere Hürden, aber auch Potentiale von Mensch zu Mensch in einer Klasse verteilt? Die in diesem Buch vorgestellte Methode zielt darauf ab, diese Besonderheiten in den Blick zu nehmen, statt unscharf auf die ganze Klasse zu blicken. Klar ist: Es ist viel Arbeit, sich mit jedem Einzelnen zu beschäftigen, Ziele und Lernwege für ihn zu planen. Zwei Argumente mögen die trösten, die angesichts dessen verzagen möchten: Erstens nehmen uns, wenn die Methode des Selbstorganisierten Lernens in der Klasse etabliert ist, die Schülerinnen immer mehr von dieser Arbeit ab – das ist ja auch Sinn der Methode. Zweitens: Gäbe es denn, wenn wir der Unterschiedlichkeit der uns anvertrauten jungen Menschen gerecht werden wollen, eine Alternative?

Kapitel 1
Die Instrumente des Individuellen Lernens: Stufenblätter und Portfolios

In diesem Kapitel stellen wir Ihnen die wichtigsten Instrumente der Methode des Individuellen Lernens vor: Die Stufenblätter sind ein Instrument, um Entwicklungsprozesse individuell zu erfassen und dem Lehrer eine Grundlage für die Planung zu geben. Das Portfolio stellen wir als Werkzeug vor, um vor allem Schüler an diesem Prozess teilhaben zu lassen.

Entwicklungsprozesse erfassen: Die Stufenblätter

Das Instrument der Stufenblätter dient dazu, die Entwicklung jedes einzelnen Schülers individuell zu verfolgen. Im Anhang dieses Buches sind sie abgedruckt: Stufenblätter unterschiedlicher Anzahl zu jedem Lernbereich einer (vierklassigen) Grundschule, dazu ein unausgefülltes Stufenblatt als Kopiervorlage für eigene Versuche, die nötigsten Kompetenzen der Schüler in Stufenblatt-Form zu erfassen. An dieser Stelle des Buches möchten wir den Aufbau aller Blätter vorstellen.

Stufenblatt Deutsch
Stufe 3

Name: Jahr:

Nr.	Kompetenz	Schüler/in	Lehrer/in	Beweis
	Sprechen und Zuhören			
1	Ich kann meine Meinung begründet darstellen.			
	***Lesen** — mit Texten und Medien umgehen*			
2	Ich kann einfache Texte lesen und den Inhalt wiedergeben.			
3	Ich kann laut vorlesen.			
	***Schreiben** — Texte verfassen und Rechtschreiben*			
4	Ich kenne einfache Rechtschreibregeln.			
5	Ich kann in Schreibschrift schreiben.			
6	Ich kann einfache Texte nach eigenen Ideen schreiben.			
7	Ich kann einen Brief schreiben.			
	Sprache untersuchen			
8	Ich kann einen Satz durch einen Punkt beenden.			
9	Ich kann Nomen erkennen.			

Dieses Stufenblatt wurde am   **erreicht.**

Unterschrift Lehrer/in: **Unterschrift Schüler/in:**

50 Portfolioarbeit leicht gemacht: Die Stufenblätter für die Grundschule

Jedes der Stufenblätter listet Kompetenzen auf, die ein Schüler in einem bestimmten Lernbereich in der Grundschulzeit erwerben sollte. Zu jedem Lernbereich gibt es aufeinander folgende Stufenblätter, die Reihenfolge der Blätter gibt die Lernentwicklung in Bezug auf die auf dem Blatt beschriebenen Kompetenzen wieder. Erst erreicht eine Schülerin die Kompetenzen auf Blatt eins, um darauf aufbauend ihr Können zu den Kompetenzen auf Blatt zwei, drei und so weiter zu erweitern.

Ein Beispiel:
Bevor ein Schüler im Fach Mathematik lernt, Flächen zu messen und zu berechnen, lernt er, sich grundsätzlich im Raum zu orientieren, Lagebeziehungen zu erkennen und zu beschreiben. Bevor ein Schüler lernt, einen zusammenhängenden Text zu schreiben, erwirbt er die Fähigkeit, einfache Sätze zu schreiben.

Die Blätter geben also eine typische Entwicklung des Kompetenzerwerbs von Stufe zu Stufe wieder. Jeder Schüler erfährt auf den Blättern, welche Kompetenzen er derzeit erwerben sollte – und was in Zukunft alles zu lernen ist. In dieser Hinsicht gleicht das Stufenblatt einem Fahrplan: Man erfährt, welche Stationen des Lernens derzeit und in ferner Zukunft passiert werden.

Aufgrund der Einstufung können wir jedem Kind die optimale Hilfestellung geben: Ein Kind, das noch nicht sinnerfassend lesen kann, braucht andere Anregungen und Hilfen als ein Kind, das diese Fähigkeit schon besitzt. Das Stufenblatt zeigt dem Lehrer also, welche individuellen Anforderungen er in Bezug auf das Lernen jedes einzelnen Kindes beachten muss.

Zu jeder der aufgelisteten Kompetenzen gibt es drei Felder zum Eintragen: Sowohl die Lehrerin als auch der Schüler sollen in jeweils einem Kästchen vermerken, wenn sie der Ansicht sind, dass eine Kompetenz vollständig oder teilweise erworben wurde. Insofern könnte man die Stufenblätter auch als eine Art To-do-Liste verstehen: Man kann „abhaken", welche Aufgabe bereits erledigt wurde, man erfährt, um welche Kompetenz man sich in nächster Zeit kümmern könnte.

Die dritte Spalte des Stufenblatts ist mit „Beweis" überschrieben. Hier können Schülerin und Lehrerin vermerken, woran man erkennen kann, dass die beschriebene Kompetenz erreicht wurde: Gibt es ein besonders aussagekräftiges Arbeitsergebnis, das im Portfolio des Schülers abheftet wurde, an dem man deutlich das neu hinzugekommene Können erkennt? Wurde der Beweis mündlich oder per Test erbracht? Man könnte das Stufenblatt in dieser Hinsicht nicht nur als Belegblatt, sondern auch als ein Register verstehen: Die Beweis-Spalte verschafft Übersicht über die Lernbeweise, die der Schüler erbracht hat.

Nicht zu vergessen sind die unteren Zeilen jedes Blattes: Wie bei einer To-do-Liste kann man mit der Spalte „Dieses Stufenblatt wurde am … erreicht“ auch das ganze Blatt „abhaken“. Weil dies durchaus ein bedeutsamer Schritt für das Kind sein soll, kann dieser Abschluss eines Stufenblattes in der unteren Zeile per Unterschrift besiegelt werden.

Jedes Blatt hat noch eine zweite Seite, das sogenannte Kriterienblatt. Zu jeder Kompetenz wurde hier ein Beispiel aufgeführt, woran man erkennen könnte, dass eine bestimmte Kompetenz erworben wurde. Die Kriterien sollen dazu beitragen, Zweifel und Uneinigkeit über den Erwerb einer Kompetenz, gerade in der Diskussion zwischen Lehrerin und Schüler, zu minimieren.

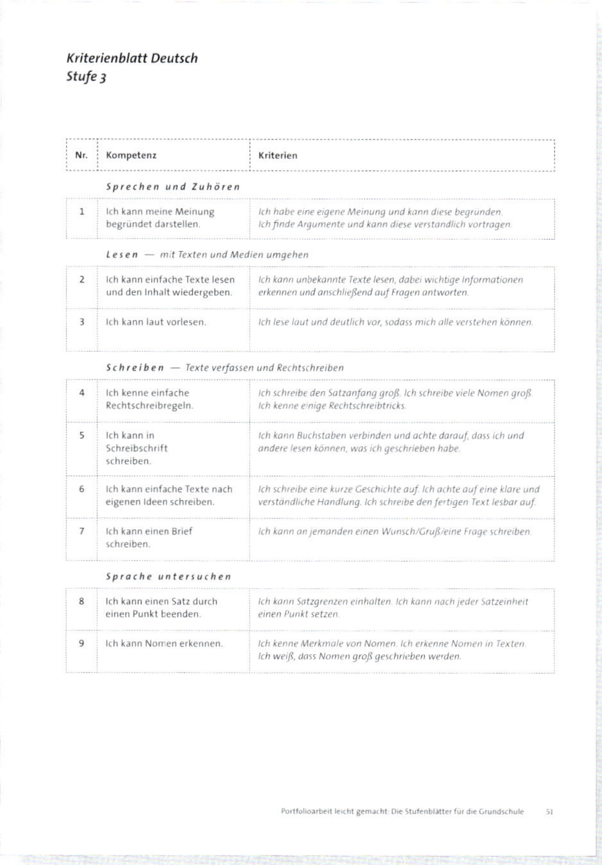

Kriterienblatt Deutsch
Stufe 3

Nr.	Kompetenz	Kriterien
	Sprechen und Zuhören	
1	Ich kann meine Meinung begründet darstellen.	*Ich habe eine eigene Meinung und kann diese begründen. Ich finde Argumente und kann diese verstandlich vortragen.*
	Lesen *— mit Texten und Medien umgehen*	
2	Ich kann einfache Texte lesen und den Inhalt wiedergeben.	*Ich kann unbekannte Texte lesen, dabei wichtige Informationen erkennen und anschließend auf Fragen antworten.*
3	Ich kann laut vorlesen.	*Ich lese laut und deutlich vor, sodass mich alle verstehen können.*
	Schreiben *— Texte verfassen und Rechtschreiben*	
4	Ich kenne einfache Rechtschreibregeln.	*Ich schreibe den Satzanfang groß. Ich schreibe viele Nomen groß. Ich kenne einige Rechtschreibtricks.*
5	Ich kann in Schreibschrift schreiben.	*Ich kann Buchstaben verbinden und achte darauf, dass ich und andere lesen können, was ich geschrieben habe.*
6	Ich kann einfache Texte nach eigenen Ideen schreiben.	*Ich schreibe eine kurze Geschichte auf. Ich achte auf eine klare und verständliche Handlung. Ich schreibe den fertigen Text lesbar auf.*
7	Ich kann einen Brief schreiben.	*Ich kann an jemanden einen Wunsch/Gruß/eine Frage schreiben.*
	Sprache untersuchen	
8	Ich kann einen Satz durch einen Punkt beenden.	*Ich kann Satzgrenzen einhalten. Ich kann nach jeder Satzeinheit einen Punkt setzen.*
9	Ich kann Nomen erkennen.	*Ich kenne Merkmale von Nomen. Ich erkenne Nomen in Texten. Ich weiß, dass Nomen groß geschrieben werden.*

Portfolioarbeit leicht gemacht: Die Stufenblätter für die Grundschule 51

Warum unterscheidet sich die Anzahl der Blätter, folglich auch die der Stufen, zwischen den einzelnen Lernbereichen? Unser Maß bei der Erstellung der Stufenblätter war nicht eine zeitliche Eingrenzung wie die der Schuljahre, sondern die Komplexität der jeweiligen Kompetenzentwicklung. Jedes Halbjahr ein neues Blatt? So etwas würde dem unterschiedlichen Tempo beim Erwerb von Kompetenzen in bestimmten Klassenstufen nicht gerecht. Um ein Beispiel zu benennen: Während der ersten beiden Schuljahre überklettert ein Schüler in Bezug auf den Schriftspracherwerb viele Stufen vom Verstehen des Anlauts bis zum Anwenden orthografischer Strategien. Im Vergleich dazu wird das Tempo in der vierten Klasse immer langsamer – vielleicht ist in dieser Klassenstufe der Erwerb von neuen Kompetenzen in Mathe viel dynamischer. Beim Erstellen der Blätter haben wir versucht, diese Dynamik zu erfassen: Also wird man in der ersten Klasse in Deutsch deutlich öfter ein Blatt beendet und ein neues begonnen haben als später. Die Lernentwicklung der Kinder ist das Maß dafür, nicht der äußere zeitliche Rahmen.

In welcher Form sammle und ordne ich die Stufenblätter? Sinnvoller Platz ist das Portfolio jedes einzelnen Schülers. Hier können – möglichst nach Fächern sortiert – die Blätter hintereinander abgeheftet werden.

Die Botschaft der Stufenblätter:
Die meisten Kompetenzen, die ein Schüler erwirbt, erarbeitet er sich nicht in einem Schritt, sondern in mehreren Einzelschritten. Es ist gut, wenn seine Lehrer wissen, auf welcher Stufe er steht, weil sie ihm dadurch helfen können, den nächsten Teilschritt zu bewältigen.

KLAX FO_SCH015, steht in Zusammenhang mit Kap. 4. Bildung PHB Schule

Stufenblatt für das Fach Sachkunde
Stufe: S 5

Name: Mathilda

Schuljahr: 27 28

Bitte immer das Datum eintragen, an dem die Einschätzung vorgenommen wird sowie eines der folgenden Kürzel: Ich bin noch unsicher: U I Ich bin auf gutem Weg: W I Ich kann: K.
In der Beweisspalte wird eingetragen, wie das bewiesen wurde (Stichwort, z.B.: „Portfolio" oder „präsentiert" oder „mündlich" etc.)

Nr.	Ziele	SchülerIn	PädagogIn	Beweis
1	Ich kann unterschiedliche und gemeinsame Merkmale erkennen und erklären.	K	W-K i.A.	12/07 Portfolio -Wie ein Kind entsteht-
2	Ich kann Vermutungen zu Zusammenhängen aufstellen und überprüfen.	W	W	
3	Ich kann ein Experiment durchführen und mündlich auswerten.	W	W i.A.	12/07 Portfolio -Versuchsprotokoll
4	Ich kenne verschiedene Programme und kann sie sinnvoll anwenden.	U-W	W	

Dieses Stufenblatt wurde am 19.5.08 erreicht.

Mathilda
Unterschrift SchülerIn

Unterschrift FachlehrerIn

Seite 1 von 2

Lernerfolge dokumentieren: Die Portfolios

„Es ist ein Ordner, in dem wir Arbeitsergebnisse und Leistungseinschätzungen eines Kindes sammeln" – würde man das Portfolio so knapp erklären, könnte sich mancher Zuhörer fragen, was daran das Besondere, Neuartige sei. Arbeitsergebnisse von Schülern wurden schon immer in der Schule aufbewahrt – egal, ob Tests oder kleine Texte, kurze Mathe-Arbeitsblätter oder ausführliche Projektarbeiten. Was unterscheidet das Instrument des Portfolios von der bisherigen Praxis, die Ergebnisse des Lernens der Schüler zu dokumentieren und aufzubewahren? Der größte Unterschied liegt nicht nur darin, was wir aufbewahren, sondern vor allem, für wen wir im Portfolio in erster Linie dokumentieren: Für den Schüler selbst, nicht für Lehrer und Eltern.
Folgende Beschreibungen eines Portfolios können den Unterschied verdeutlichen:

— Ein Portfolio ist eine Sammlung von Dokumenten, die unter aktiver Beteiligung der Lernenden entstand und nicht nur etwas über deren Lernergebnisse, sondern auch über die Lernprozesse aussagt, die diese Ergebnisse hervorbrachten.

— Den Kern eines Portfolios bilden ausgewählte Originalarbeiten oder geeignete Bilddokumentationen, die beweisen, dass eine bestimmte Kompetenz erreicht wurde. Grundsätzlich soll das Portfolio ein Album der größten Erfolge eines Lernenden sein: Alle Arbeiten sollen den Erfolg seines Lernens sichtbar machen.

— Ihren Arbeiten fügen die Lernenden Reflexionen bei, die im Portfolio abgeheftet werden. Kommentare der Lehrenden ergänzen diese Reflexionen.

— Für das Anlegen eines Portfolios werden Kriterien formuliert, an denen sich die Lernenden orientieren können, wenn sie Dokumente für ihre Portfolios auswählen.

— Portfolios werden dem Umfeld der Lernenden in einem geeigneten Rahmen präsentiert. Anhand der Präsentation werden Gespräche über das Lernen und die Leistungen der Kinder geführt.

Weshalb eignet sich das Instrument des Portfolios besonders gut, wenn es um die Einführung kompetenzorientierten Lernens geht? Kinder sollen nicht nur Wissen akkumulieren und Fertigkeiten erwerben, sondern müssen dies bewusst erleben, müssen erfahren, was es heißt, etwas dazugelernt zu haben. Die klassische Schule ermöglichte Kindern das kaum, denn alles Gelernte gerann schlussendlich in einer Note. Aber welche Kompetenzen, welche neuen Möglichkeiten, etwas zu tun, drückt eine Schulnote aus?
Portfolios lenken den Blick, der durch die Noten auf ein quantitatives Ergebnis verengt wurde, wieder zurück auf das Können des Schülers: Jedes der Arbeitsergebnisse in diesem Ordner wurde nur möglich durch das, was du gelernt hast, was du nun kannst. Auf diese Weise können Portfolios Schüler stärken:

— Portfolios motivieren, weil sie dem Schüler seinen eigenen Weg und Fortschritt zeigen, statt ihn mit anderen Kindern zu vergleichen.

— Portfolios können Kinder zum Lernen aktivieren, wenn sie deren Reflexionsfähigkeit über ihr Lernen anregen.

— Portfolios aktivieren, weil sie den Kindern zeigen, was sie aus eigener Kraft erreicht haben.

Ein Portfolio sollte verschiedene Kategorien von Blättern umfassen:

- Auf den **Ich-Blättern** erfährt ein Kind etwas über sich und stellt sich mit zunehmendem Alter selbst dar.

- **Lernbeweise** bestehen nicht nur aus aussagekräftigen Arbeitsergebnissen des Schülers, die im Portfolio abgeheftet werden, sondern sollten jeweils durch ein Kommentar-Blatt ergänzt werden, auf dem der Schüler seinen Weg zu dem Ergebnis darlegt und Lehrer wie Eltern eine Einschätzung des Ergebnisses vornehmen können.

Wer ich bin und wie ich mich entwickle: Die Ich-Blätter

Auf den Ich-Blättern lernt der Schüler sich selbst kennen: Welche Eigenschaften sind typisch für mich, was bleibt an mir immer gleich – und was verändert sich? Aufgabe der Ich-Seiten ist es, die Selbstreflexion der Schüler anzutreiben: Wer sich selbst gut kennt, kann seinen passenden Lernweg finden.

Vorlieben, besondere Eigenschaften, aber auch die Lebensumstände sollten auf Ich-Seiten mit Text und Bild dokumentiert werden: Das sind derzeit meine Freunde, dieser Beschäftigung gehe ich gerne nach, und das kann ich besonders gut.

Botschaft der Ich-Blätter für das Kind und dessen Eltern: Ich bin ein einzigartiger Mensch mit vielen Facetten. Ich habe viele individuelle Stärken. Obwohl ich immer der gleiche Mensch bleibe, kann sich das, was ich gut kann und mag, wie mein Aussehen, im Laufe der Zeit verändern.

Lernbeweis-Blätter oder „Geschafft! Gelernt!"-Blätter

Lernbeweis-Blätter wie „Geschafft! Gelernt!" sind das Kernstück des Portfolios, vergleichbar mit den Referenzen in der Bewerbungsmappe oder einem Gesellenstück. Sichtbar stellen sie dem Schüler unter Beweis, dass er eine Kompetenz erworben hat.
Welche Formen von Arbeitsergebnissen haben es verdient, im Portfolio aufbewahrt zu werden? X-beliebige Tests mit mittelmäßigen Ergebnissen ganz bestimmt genauso wenig wie das bei allen Schülern abgeheftete Diktat. Nein, im Portfolio sollten vor allem Arbeitsergebnisse der Schüler landen, mit denen diese sich identifizieren. Ein Aufsatz oder ein Test kann verwendet werden, wenn der eigene Beitrag, die selbstbewusste Gestaltung der Schüler ersichtlich sind. Besonders geeignet sind Präsentationen, selbstständig verfasste Texte oder Lösungen offener Aufgabenstellungen.

In welchem Bezug stehen Lernbeweis-Blätter zu den in den Rahmenlehrplänen benannten Kompetenzen und Lernzielen? Wir empfehlen, ein Lernbeweis-Blatt für ein Kind nicht nur dann auszufüllen, wenn es eine Kompetenz vollständig erreicht hat. Handelt es sich um einen bedeutsamen Schritt des Kindes, wenn es eine niedrigere Lernstufe erreicht hat, sollten Sie das dokumentieren. Schließlich soll das Portfolio grundsätzlich zuerst den Blick des Lernenden auf seinen Lernfortschritt wiedergeben, nicht den des Lehrenden.
Ein brauchbares Kriterium bei der Beurteilung, ob ein beobachteter Kompetenzerwerb dokumentiert werden soll, ist die Frage, ob sich dadurch etwas im Leben des Kindes verändert hat, ob sich seine Handlungsfähigkeit erweitert hat, so dass es jetzt etwas Neues kann. Solche Lernerlebnisse sollten unbedingt im Portfolio dokumentiert werden, denn sie beweisen dem Kind: Ich habe etwas geschafft, das mich vorwärts bringt und worauf ich stolz sein kann. Das motiviert zu neuen Anstrengungen.

Botschaft der Lernbeweise für das Kind und dessen Eltern: Ich lerne immer mehr Dinge, die mir Nutzen bringen. Ich habe mir diese Kompetenzen auf eine für mich charakteristische Weise angeeignet. Da ich diese Schritte bewältigt habe, werde ich auch kommende Herausforderungen bewältigen. Weil mein Weg und meine Art des Lernens einzigartig sind, spielt es keine Rolle, ob andere Kinder mehr oder weniger können.

Das bin ich

Datum: 2.9.08

Ich heiße: Matilda

So alt bin ich gerade: 10

So groß bin ich gerade: 1,40m

Damit spiele ich gerade am liebsten: Bügelperlen

In der Schule interessiere ich mich gerade besonders dafür: dass, ich Englisch sprechen kann

Meine Lieblingsfarben, Lieblingstiere, Lieblingsmenschen sind gerade: rot und gelb, Meerschweinchen, Hasen, Mama, papa, Oma, Ferdie, Frida, Klara

Das möchte ich noch über mich erzählen: Ich singe gerne und spiele gerne Theater Ich bin Tante, meine kleine Nichte heizt Klara, wir spielen oft zusammen

Vielleicht bin ich in einem Jahr so: im Step

Als Erwachsener möchte ich werden: Schauspielerin

Meine Unterschrift: Mal

Was ist das Besondere an der Arbeitsprobe, die wir abgeheftet haben? Um diese Frage zu beantworten, kommentieren Lehrer auf einem Blatt, zum Beispiel das Formular „Geschafft! Gelernt!“, was für ein erfolgreicher Kompetenzerwerb mit der jeweiligen Arbeit dokumentiert wird: Das hast du dabei gelernt!

Die Formulierung sollte den Blick des Kindes einbeziehen. Lassen Sie sich von Neil Armstrong inspirieren, der den Mond mit den Worten betrat: „Ein kleiner Schritt für mich, ein großer für die Menschheit.“ Zwar ist der erste gekritzelte Buchstabe kein großer Schritt für die Menschheit – aber für das Kind. Achten Sie darauf, dass ein Satz, mit dem Sie ein Arbeitsergebnis kommentieren, nicht daran erinnert, was noch alles zu leisten ist, sondern das Erreichte würdigt: „Du hast es geschafft!“

In welchem Zusammenhang hat ein Kind etwas geschafft, was wollte es erreichen? Da es beim Kompetenzerwerb wichtig ist, den damit einhergehenden Fortschritt der kindlichen Handlungsfähigkeit zu würdigen, empfiehlt es sich, genau zu beschreiben, in welchem Zusammenhang eine neue Kompetenz erworben wurde oder nun angewendet werden kann: „Du hast gelernt, deinen Namen zu schreiben. Nun kannst du deine Sachen mit deinem Namen beschriften.“

Wie lernt ein Kind etwas Neues? Sinn des Portfolios ist auch, das Kind erfahren zu lassen, was seine bevorzugten Lernwege sind und welche individuellen Hürden es auf welche Weise überschreiten konnte. Also sollten Sie kurz beschreiben, wie der Kompetenzerwerb ablief: „Du hast das geschafft, indem du oft für dich allein geübt hast, auch wenn du manchmal fast aufgeben wolltest.“ Solch ein Satz ermöglicht es dem Kind, sich am Erfolg zu freuen, ohne die Mühen zu vergessen.

Geschafft! Gelernt! – Zielauswertung für das Portfolio

Name: Mathilda Datum: ~~10~~ 29.2.08

KLAX

Ich kann eine Tätigkeitsbeschreibung machen

Dieses Ziel/Teilziel gehört zum

Fach: D

Stufenblatt-Nr.: 7

Ziel-Nr.: 8

Warum ich mein Ziel erreicht habe:

Ich habe auf Satzanfänge geachtet, mir Zutaten ausgewählt und alles in einer Reihenfolge aufgeschrieben.

Lehrer:

Liebe Matilla,

dein Rezept hört sich lecker an. Schön, dass du auf die Kriterien geachtet hast.

Trage oben in die Sprechblase das Ziel oder Teilziel ein, das du erreicht hast! Schreibe darunter auf, warum du meinst, dein Ziel erreicht zu haben! Achte dabei auf die Kriterien! Besprich mit deinem Fachlehrer die Arbeit und bitte ihn um einen Kommentar! Hefte das Blatt zusammen mit dem Lernbeweis in deinem Portfolio ab.

S:\Dokumente und Einstellungen\sloeper\Lokale Einstellungen\Temporary Internet Files\OLK1\Fo_sch025.doc20.03.2008

Meine Gruppe:

(Fo_sch028/steht im Zusammenhang mit Kap. Lernen mit Zielen, PHB Schule)

Name: Datum: 29.8.07

Wer gehört zu deiner Bezugsgruppe? Male Bilder von den anderen, schreib ihre Namen auf oder sammle Fotos. Auch, damit du dich später daran erinnern kannst.

Kapitel 2
Von der ersten Einschätzung bis zur Auswertung: Kompetenzerwerb begleiten mit Stufenblättern

In diesem Kapitel lernen Sie den Einsatz der Instrumente für Selbstorganisiertes Lernen in der Planung kennen. Die Beschreibung beginnt mit dem Ersteinsatz der Stufenblätter – bei der Neueinführung der Methode oder beim Übernehmen einer neuen Lerngruppe – und führt Sie über die begleitende Portfolio-Dokumentation und das Planen mithilfe von Lotusplan und Ziel-Karten schließlich zur Auswertung des Erfolges Ihrer Arbeit am Ende des Schuljahres, mit dem die Planung des kommenden Jahres natürlich einhergeht.

Wo steht jeder meiner Schüler?
Stufen-Check

Angelika S. übernimmt eine erste Klasse: Fünfundzwanzig Kinder mit fünfundzwanzig unterschiedlichen Kompetenzständen. Die Unterschiede zwischen den einzelnen Entwicklungsständen, mit dem Kinder aus dem Kindergarten kommen, werden immer größer. Zwar hat sie von einigen Erziehern aus den Kindergärten Infos bekommen, was die „üblichen" Vorschulthemen betrifft: Auf der Linie schneiden, Schuhe selbst zubinden, und so weiter. Aber über das Vorliegen wichtiger Grundvoraussetzungen für den Schreiberwerb oder das Rechnen weiß sie wenig: Manche Kinder werden schon gut lesen und kleine Rechenoperationen durchführen können, während andere wahrscheinlich weder Buchstaben noch Zahlen erkennen, vielleicht auch nicht allzu gut die Sprache beherrschen. Was tun, um jedem dieser unterschiedlichen Schüler von Anfang an gerecht zu werden?

Norbert R. übernimmt die 3a in Mathe. Von der bisherigen Klassenlehrerin hat er in langen Gesprächen erfahren, welche Schüler stark in Mathe sind und wer Hilfe braucht. „Vielleicht solltest du bei einigen Schülern noch einmal überprüfen, wie sicher sie beim Zehnerübergang sind – da habe ich Zweifel", rät ihm die Kollegin, ebenso, dass zwei Überflieger in der Klasse eigentlich locker den Stoff der vierten Klasse verstünden. Norbert R. will es genauer wissen und braucht Übersicht: Also legt er für jeden Schüler die Stufenblätter „Mathe" an und markiert mit Bleistift auf diesen, welche Kompetenzen die Schüler aufgrund der Aussagen seiner Kollegin vermutlich aufweisen. In den kommenden Wochen wird er überprüfen, ob diese Einschätzungen zutreffen.

Eine neue Klasse muss man erst einmal kennen lernen: Was können meine Schüler schon, was noch nicht? An welcher Stelle muss ich dementsprechend mit dem Unterrichtsstoff ansetzen? Während sich beim klassischen Unterrichten diese Frage erst allmählich im Unterrichtsalltag vor allem in Bezug auf auffällige Schüler klärte, ermöglicht es uns die Arbeit mit den Stufenblättern, von Anfang an in der neuen Lerngruppe mit Blick auf die unterschiedlichen Niveaus der Schüler zu beginnen.
Mit dem Locher geht es los: Die Arbeit mit den Stufenblättern beginnt damit, dass Sie die Seiten ins Portfolio jeder Schülerin einheften. Auf den leeren Blättern können Sie im Gespräch mit den Lehrerinnen, die

Ihre Klasse vorher betreut haben – oder eben mit den Erziehern eines kooperierenden Kindergartens – erste Vermutungen eintragen, wo welcher Schüler steht. Die ersten Wochen in der neuen Klasse sollten Sie nun nutzen, um diese Vermutungen zu überprüfen und mit alltäglichen Beobachtungen zu ermitteln, über welche Kompetenzen jede Schülerin der Lerngruppe verfügt. Wenn Sie bei allen Schülern eine konkrete Einschätzung vorgenommen haben, „steht" das Fundament für einen differenzierten Unterricht: Sie wissen jetzt, welche Kompetenzen Sie mit den unterschiedlich weit entwickelten Schülerinnen Ihrer Gruppe als nächstes anvisieren können.

Handlungs-schritt:	Erste Einschätzung, auf welcher Stufe das Kind steht
Ziel:	Wir ermitteln, auf welchem Stand des Kompetenzerwerbs jedes Kind in jedem Lernbereich steht.
Termin:	in den ersten Wochen nach Start in einer neuen Gruppe
Aktionsform:	Einzelarbeit der Fachlehrer
Unterlagen:	Portfolio-Ordner, Stufenblatt im Portfolio des Kindes

Diese Ziele nicht vergessen: Erarbeiten von Ziel-Karten

Auf seinem Schreibtisch und drumherum hat Norbert R. jetzt die aktuellen Stufenlisten für seine Schüler ausgebreitet. Alle Kompetenzen, die seine Schüler aufgrund ihres im Ziel-Check ermittelten Standes als nächstes erwerben sollten, überträgt R. jetzt auf Ziel-Karten. Mit seinen ebenfalls in der Klasse unterrichtenden Kollegen hat er gleiches verabredet.

Durch die Einschätzung Ihrer Schüler beim ersten „Stufen-Check" wissen Sie, welche Kompetenzen Sie im folgenden Schuljahr / Schulhalbjahr gezielt fördern möchten, indem Sie auf dieser Basis Bildungsangebote planen. Das sind bei heterogenen Gruppen vermutlich eine ganze Menge Ziele. Um die Ziele in diesem langen Zeitraum nicht aus dem Blick zu verlieren, sondern sie sukzessive bearbeiten zu können, schreiben Sie sie nun auf einzelne Karten.
Warum nicht auf eine Liste? Stehen sie auf einzelnen Karten, können Sie die Ziele bei den in monatlichem oder wöchentlichem Turnus stattfindenden Planungssitzungen immer wieder auslegen, abgearbeitete Ziel-Karten aussortieren und dringliche in die aktuelle Planung aufnehmen. Sollte die Auswahl an Kompetenzzielen unüberschaubar groß sein, können Sie zu Beginn des Halbjahres weniger dringliche Karten beiseite legen.

Zunächst wählen alle Lehrer, die in Ihrer Klasse unterrichten, aus, welche Ziele im kommenden Halbjahr bearbeitet werden müssen. Wie viele Ziele sollten das sein? Die Gesamtzahl aller anzustrebenden Kompetenzstufen hängt natürlich von den Ergebnissen der vorherigen Auswertung der Einstufung ab. Es empfiehlt sich jedoch, die Anzahl der zu bearbeitenden Ziele zu begrenzen: Unserer Erfahrung nach arbeitet es sich gut damit, jeden Monat pro Fach etwa drei Ziele anzustreben. Dementsprechend empfehlen wir, insgesamt etwa 15 bis 20 Ziel-Karten für alle Fächer anzufertigen.

Auf den Ziel-Karten können Sie sowohl Gruppenziele als auch Ziele für einzelne Kinder festhalten, die besondere Förderung brauchen, weil sie sich langsamer oder schneller als die anderen entwickeln. Es hilft, die Formulierungen aus den Stufenlisten in eigenen Worten wiederzugeben, zum Beispiel in der „Ich kann..."-Form. So wird aus „benutzt Mengenbegriffe wie: ein paar, weniger, mehr": „Ich verstehe und benutze Mengenbegriffe wie ein paar, weniger, mehr."
Ordnen Sie die Karten nach Fächern und sammeln Sie sie in Karteikästen oder Prospekthüllen.
Immer, wenn Ziele erreicht wurden, sollten Sie das auf den Karten vermerken: „Abgehakt!"

Handlungs-schritt:	Wir wählen aus, bei welchen Kompetenzen wir die Schülerinnen im nächsten Schuljahr / Schulhalbjahr besonders fördern möchten. Wir legen kollektive und individuelle Ziele fest.
Termin:	vor Beginn des Schuljahrs / Schulhalbjahrs
Aktionsform:	Fachkonferenz, mehrstündige Zusammenkunft der Lehrer, die in einer Klasse unterrichten, möglichst in den Ferien oder an einem Schließtag
Unterlagen:	leere Ziel-Karten aller Fächer für das laufende Schuljahr, Auswertungstabelle der Stufenauswertung

So erreichen wir unsere Ziele: Entwickeln einer Monatsplanung

Das Thema für den nächsten Monat hat Klassenlehrerin Angelika S. bereits ausgesucht und mit ihren Kollegen in Sport und Kunst abgestimmt: Es soll in den kommenden Wochen um „Indianer" gehen. Nun sitzen die Kollegen für die konkrete Planung zusammen und überlegen, welche der auf den Ziel-Karten stehenden Kompetenzen besonders dafür geeignet sind, um anhand dieses Projektthemas erarbeitet zu werden. Am Ende der Zusammenkunft wollen sie für alle Schüler der Klasse passende Unterrichtsangebote geplant haben – eine gute Grundlage, um in den kommenden Wochen ein zusammenhängendes Projekt durchzuführen.

Eine monatliche Planungssitzung mit allen Kolleginnen, die in der Klasse unterrichten, bietet sich an, um gemeinsam die Planung für die kommenden Wochen zu entwickeln. Auf dieser Zusammenkunft wird ausgewählt, welche Kompetenzen als nächste gefördert werden sollen, und gleichzeitig ein geeignetes Monatsthema festgelegt.

Wichtigstes Instrument für die Planung ist neben den Ziel-Karten der Lotusplan. Er besteht aus acht äußeren und einer mittleren Lotusblüte – so heißen die Kästchen. Während acht äußere Blüten Platz für die Ziele der Unterrichtsfächer sowie allgemeine Klassenziele bieten, dient die innere Blüte der Entwicklung des Monatsthemas mit Schwerpunkten. Dementsprechend haben wir die Felder benannt: Das mittlere Feld der mittleren Blüte ist das Themen-Feld, umgeben von den Blütenblättern der Schwerpunkt-Felder. Bei den äußeren Blüten liegt das Ziele-Feld in der Mitte, in das die Fachbereichsziele eingetragen werden, während die Blütenblätter nun Angebots-Felder heißen, denn hier werden konkrete Angebote eingetragen.

Erster Schritt: Monatsthema festlegen

Finden Sie ein Monatsthema. Tragen Sie es in das Monatsthema-Feld ein. Wählen Sie ein Thema aus, das die Kinder derzeit bewegt oder sie in den nächsten Wochen bewegen könnte. Entscheiden Sie sich für ein Thema, das den folgenden vier ALFA-Kriterien für gute Bildungsthemen am besten entspricht:

Alltagsnah: Das Thema steht in direktem Bezug zum Leben der Kinder, kann also praktisch erlebt und erfahren werden.

Langfristig: Das Thema ist umfassend genug, um die Kinder über mehrere Wochen zu interessieren.

Fragen hervorrufend: Die Kinder können und wollen bei dem Thema etwas herausfinden. Fragen Sie: „Was interessiert euch besonders daran, was wollt ihr herausfinden?"

Altersoffen: Das Thema bietet für verschiedene Alters- und Entwicklungsniveaus gleichermaßen interessante Anknüpfungspunkte.

Zweiter Schritt: Schwerpunkte festlegen

Überlegen Sie sich inhaltliche Schwerpunkte innerhalb des Themas, die die Kinder jeweils etwa eine Woche lang interessieren könnten. Tragen Sie die ersten Schwerpunkte in die Felder um die mittlere Lotusblüte, die Themenfelder, ein.

Dritter Schritt: Ziele auswählen

Wählen Sie je Fach zwei oder drei Ziel-Karten aus, nach Möglichkeit mit unterschiedlich hohem Niveau, um den unterschiedlichen Entwicklungsständen der Kinder gerecht zu werden. Tragen Sie die Ziele in die Mitte des Feldes für jedes Fach ein.

Vierter Schritt: Angebote entwickeln

Verbinden Sie Ziel und Aktion: Welches Ihrer Fachziele lässt sich mit den bereits geplanten und eingetragenen Aktionen gut verbinden? Durch welches Angebot lässt es sich umsetzen?
Tragen Sie die für Ihren Lernbereich geplante Aktion in das Aktions-Feld der Lotusblüte ein. Damit der Plan übersichtlich wird, wählen Sie immer das Aktions-Feld, das an der Stelle des entsprechenden Schwerpunkt-Felds an der mittleren Blüte steht: An der Stelle von Schwerpunkt 1 im mittleren Feld steht in der Deutsch-Blüte das Angebot, mit dem der Schwerpunkt 1 im Fach Deutsch umgesetzt wird.

Überprüfen Sie, ob alle Ziele durch geplante Aktionen abgedeckt sind. Wenn nicht: Planen Sie noch nicht festgelegte Aktionen zu den noch nicht abgedeckten Zielen.

Fünfter Schritt: Die Auswertung

Haben wir denn all das geschafft, oder sind wichtige Inhalte auf der Strecke geblieben? Werten Sie Ihren Plan am Ende des Planungszeitraums aus: Setzen Sie Häkchen in die Zielerreichungskästen, wenn Ziele ganz oder teilweise erfüllt wurden. Heften Sie die bereits bearbeiteten Ziel-Karten zusammen mit dem alten Monatsplan ab.

Handlungsschritt:	Wir planen das Thema und die zu fördernden Kompetenzen auf der Monatsplanungssitzung und verwenden dafür die Stufenlisten und den Lotusplan.
Termin:	monatlich
Aktionsform:	etwa zweistündige Zusammenkunft der Pädagogen
Unterlagen:	Ziel-Karten aller Fächer / Lernbereiche für das laufende Halbjahr, Poster „Lotusplan“ auf Moderationswand

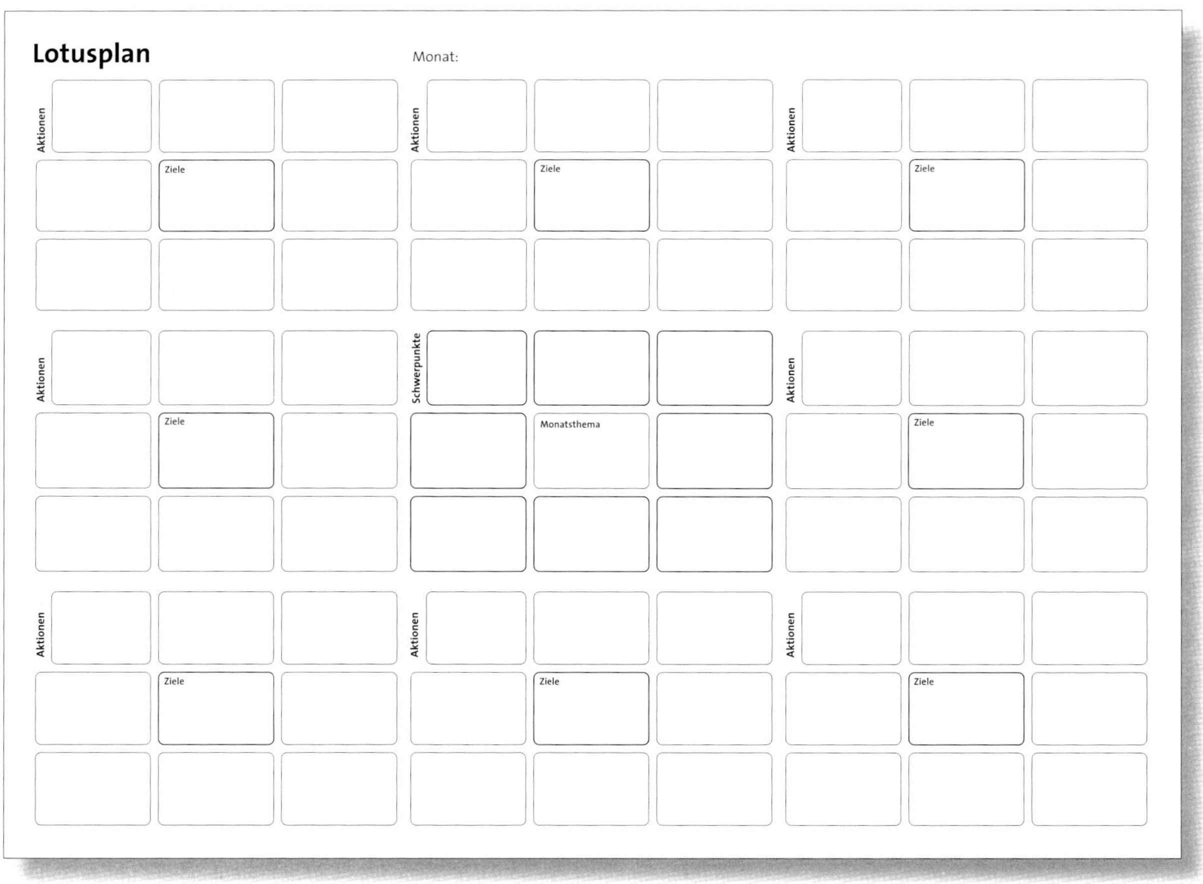

Jetzt hat er wieder was gelernt: Eintragungen bei Zielerreichung

„Das kann er jetzt!" Angelika S. hat es sich zum Ritual gemacht, immer dann, wenn ein oder mehrere Schüler in ihrer sehr heterogenen Lerngruppe einen Kompetenzschritt erfolgreich gemeistert haben, dieses gleich im Stufenblatt zu vermerken. Ihr gibt das Eintragen Sicherheit besonders in Bezug auf die Schüler, die sich mit dem Lernen schwer tun und deswegen noch auf den Eintrag im Feld „Erreicht" warten: Die Lehrerin weiß, dass sie sich bei ihnen jetzt besonders viel Zeit nehmen muss, um sie nicht völlig hinterherhinken zu lassen.

Immer kurz vor den Ferien nimmt Norbert R. die Eintragungen zusammen mit seinen Schülern vor. Dazu lässt R. jeden Schüler zunächst eine eigene Einschätzung vornehmen, die er dann mit seinen eigenen Einschätzungen abgleicht: „Ich glaube, wir tragen mal lieber ein W ein statt ein K!" Ihm dient der Einblick in den Stand bei seinen Schülern dazu, die Arbeit für die nächsten Wochen differenziert zu planen. Gleichzeitig ist die Stunde, in der der Lehrer mit den Schülern darüber spricht, was jeder gelernt hat und wo er noch nicht sicher ist, ein wichtiger Moment der Reflexion für Lernende wie den Lehrenden – mit der meist unausgesprochenen Leitfrage: Was kann ich für dich tun, damit du noch besser lernen kannst?

Indem Sie während des laufenden Schuljahres kontinuierlich durch Eintrag in die Stufenblätter erfassen, welche Kompetenzen jede Schülerin gerade gemeistert hat, erarbeiten Sie sich eine gute Grundlage, um keinen Schüler zu vergessen und differenzierte Angebote entwickeln zu können.

Wann sollten die Listen aktualisiert werden?

Im Optimalfall sollten Sie die Eintragung auf dem Stufenblatt immer dann vornehmen, wenn ein Kind die Kompetenz durch einen Lernbeweis nachgewiesen hat. Das heißt: Sie prüfen mit dem Schüler anhand der Kriterien zur Zielerreichung, ob der Lernbeweis den vereinbarten Anforderungen genügt, ob die Kompetenz also tatsächlich erworben wurde. Ist das der Fall, aktualisieren Sie per Unterschrift und Datum das entsprechende Stufenblatt im Beisein des Schülers.
Nicht immer ist es im Unterrichtsalltag möglich, genau dann einzutragen, wenn ein Kind eine Kompetenz gerade erreicht hat. Andererseits besteht die Gefahr, das Eintragen zu vergessen. Deshalb empfiehlt es sich, dass Sie sich einen monatlichen Termin setzen, an dem Sie die Stufenlisten der Fächer, die Sie unterrichten, überprüfen und aktualisieren. Spätestens vor einem Elterngespräch sollten Sie das Portfolio des betreffenden Kindes durchsehen und die Stufenliste auf den neuesten Stand bringen.

Was wird in die Spalte „Lehrerin" eingetragen?

Im Feld hinter der jeweiligen Kompetenz können Sie vermerken, ob ein Kind sich bereits mit dem Erwerb der Kompetenz beschäftigt oder schon über sie verfügt. Dazu empfiehlt es sich, eines der folgenden Kürzel zu verwenden: W bedeutet „Ist auf dem Weg", K steht für „Kann es". Keine Eintragung heißt: Das Kind beschäftigt sich noch nicht mit dem Erwerb der Kompetenz. Zusätzlich zum Kürzel tragen Sie das Datum ein, an dem Sie die Einschätzung vorgenommen haben.

Wann wird ein K eingetragen, wann ist ein W angebracht?

Das ist mitunter nicht leicht zu entscheiden. Unsere Grundregel lautet: K bedeutet, die Stufe wurde erreicht. Der Schüler beherrscht die Kompetenz, die vermerkt ist, nicht nur ab und zu, sondern sicher.

Ein Beispiel: Mia hat in den letzten beiden Deutschstunden erfahren, dass es unterschiedliche Wortarten gibt. Die erste Übung, verschiedene Wortarten zu erkennen, meistert sie gut. Sollen Mia und Sie ein K bei der Kompetenz „Ich kann Wortarten erkennen und zuordnen" in das Stufenblatt Deutsch eintragen?
Nein, das wäre zu früh. Zwar ist Mia stolz, dass sie die Übung geschafft hat, aber sicher beherrscht sie die Kompetenz des Erkennens und Zuordnens unterschiedlicher Wortarten noch nicht. Die Übung war klar strukturiert, ermöglichte aber noch nicht, das erworbene Wissen über die Wortarten in verschiedenen Zusammenhängen anzuwenden. Sie belegt, dass Mia sich auf den Weg gemacht hat, aber noch Begleitung und Zeit zum Üben braucht.
Ein K können Sie eintragen, wenn Mia spontan in der Lage ist, unterschiedliche Wortarten in vorher unbekannten Texten zu finden, und wenn es ihr gelingt, die Unterschiede sicher zu erkennen. K heißt: Der Kompetenzerwerb ist so weit abgeschlossen, dass Sie Mia in dieser Sache nicht mehr fördern müssen. Solange Mia bei der Zuordnung und Unterscheidung von Wortarten noch hin und wieder Begleitung braucht, ist sie auf dem Weg.

Wie sollten die Schüler ihre Einschätzung vornehmen?

Die Arbeit mit den Stufenblättern und mit dem Portfolio soll die Schüler befähigen, ihre Lernprozesse selbst zu organisieren. Das setzt voraus, dass sie lernen, ihre Ergebnisse realistisch einzuschätzen und zu reflektieren, wie sie eine bestimmte Kompetenz erworben haben. Deshalb sollten Sie den Kindern vor Ihrer Einschätzung des Lernbeweises die Gelegenheit geben, selbst zu beurteilen, ob ein Ziel erreicht wurde oder noch nicht. In der Spalte „Schüler" tragen die Kinder ihre Einschätzungen selbst ein, sobald sie dazu imstande sind, und verwenden die gleichen Kürzel, die Sie in der Spalte nebenan benutzen.
Vor allem diesem Zweck dient das Kriterienblatt zu jedem Stufenblatt: Die Kriterien konkretisieren, woran man erkennt, dass eine bestimmte Kompetenz erreicht wurde. Manchmal führt die Diskussion über die Kriterien dazu, dass ein vorschnelles „Das kann ich" revidiert wird.
Die Kriterien machen auch Ihre Erwartungen als Lehrerin transparent. Ihre Bewertungen von Lernerfolgen werden nachvollziehbarer für die Eltern, aber vor allem für die Kinder: „Erfülle ich die Kriterien, kann ich mir sicher sein, das Ziel erreicht zu haben."

Wozu dient die Spalte „Beweis"?

Die Spalte „Beweis" kann genutzt werden, um zu vermerken, ob die erreichte Kompetenz im Portfolio festgehalten wurde: Tragen Sie ein P ein, dann wurde das Erreichen der Stufe mit einem Lernbeweis-Blatt („Geschafft! Gelernt!") im Portfolio des Kindes dokumentiert. Das ermöglicht Übersicht.
In der Spalte können Sie auch kurz notieren, woran Sie feststellten, dass ein Kind eine Kompetenz erworben hat. Diese Notiz soll Sie erinnern, in welcher Situation Sie die Kompetenzsicherheit beobachteten, damit Sie dem Kind oder seinen Eltern später davon berichten können, selbst wenn sich zu der erworbenen

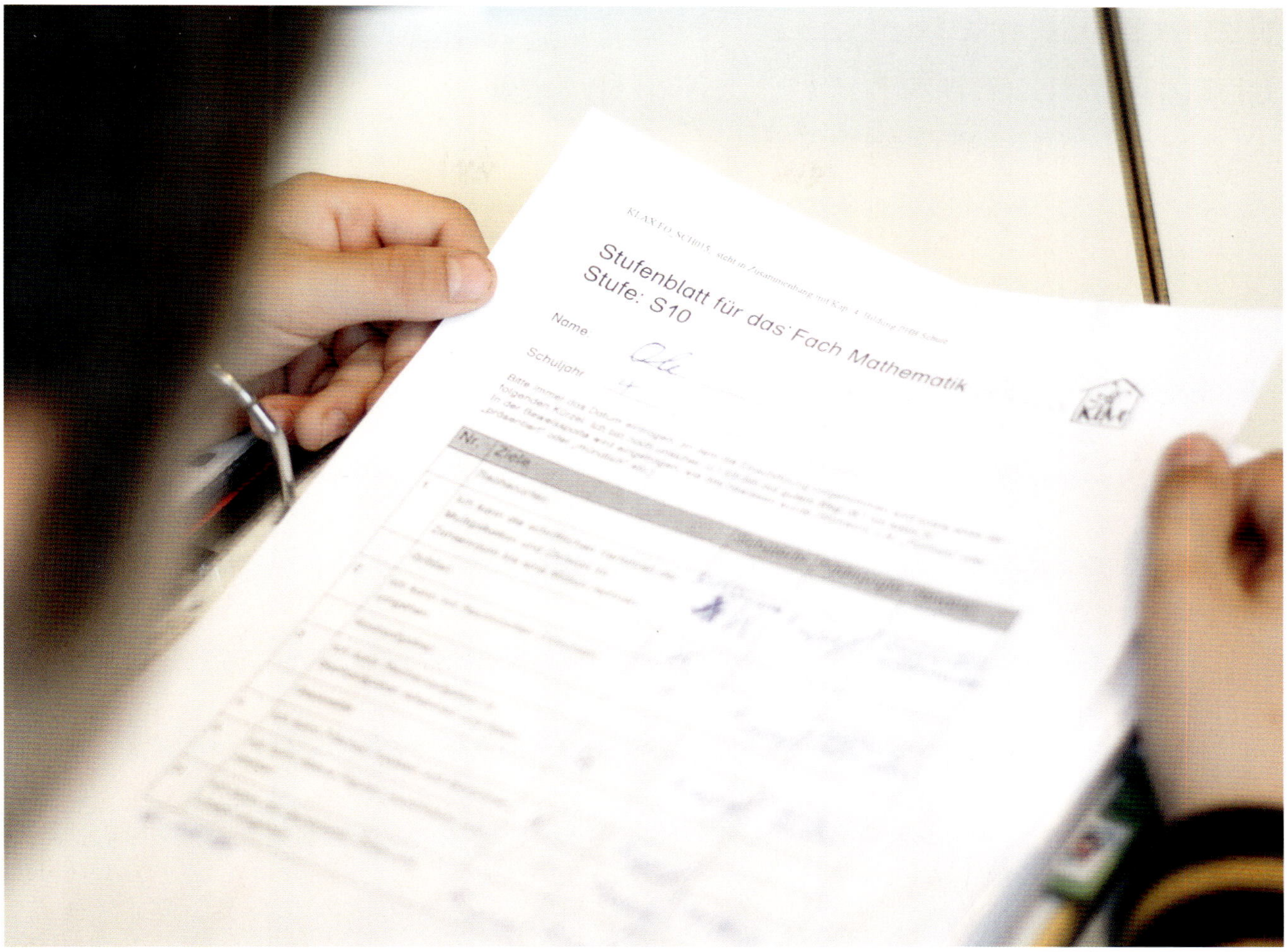

Kompetenz kein Lernbeweis im Portfolio findet. Das Stichwort „wurde mündlich per Vortrag bewiesen“ hilft Ihnen, sich auch nach längerer Zeit daran zu erinnern, wie der Schüler belegte, dass er über eine bestimmte Kompetenz verfügt.

Handlungsschritt:	Einschätzung, auf welcher Stufe das Kind steht
Ziel:	Wir ermitteln, auf welchem Stand des Kompetenzerwerbs jedes Kind in allen Fächern steht.
Termin:	monatlich / vierteljährlich, in jedem Fall zum Ende eines Halbjahrs
Aktionsform:	Fachlehrer und Kind gemeinsam
Unterlagen:	Portfolio-Ordner, Stufenblatt im Portfolio des Kindes

Wann ist eine Stufe abgeschlossen?

Es ist wichtig, das zu klären, denn für die Auswertung des Standes der Klasse brauchen Sie für jedes Kind die Zahl der Stufe, auf der es in den einzelnen Bildungsbereichen steht. Folgende Regel ist sinnvoll: Wurden mehr als 75 Prozent aller Ziele auf der Liste erreicht, betrachten Sie eine Stufe als bewältigt.
Ein Beispiel: Lea hat die Kompetenzen auf Stufenblatt 7 / Mathematik zu 90 Prozent erworben und steht damit auf der Stufe 8. Aaron hat etwas mehr als die Hälfte der Ziele von Stufe 7 erreicht, steht also noch auf Stufe 7.
Es ist sinnvoll, die Stufenliste bei Erreichen formell abzuschließen: Unterschreiben Sie die Liste, wenn (fast) alle Ziele erreicht sind, und laden Sie ältere Kinder ein, ihre Namen ebenfalls darunterzusetzen. Lesen Sie ihnen vorher vor, was sie hinzugelernt haben.
Und wenn eine Stufe zwar zu 75 Prozent abgeschlossen ist, aber nicht alle Kompetenzen erworben wurden? Markieren Sie das auf dem Blatt deutlich, um die Förderung dieser Kompetenzen im Blick zu behalten. Als Signal kann auch ein bunter Klebezettel dienen.

Wo steht unsere Klasse jetzt? Auswerten mit Stufenblättern

Ein Schulhalbjahr geht zu Ende, und ein neues beginnt. Wie weit sind die Schüler in unserer Klasse gekommen? Haben wir genug getan, oder sind einzelne auf der Strecke geblieben? Wie sind unsere Ergebnisse im Vergleich zu anderen Klassen, zu anderen Schuljahren? Angelika S. und Norbert R. befinden sich mit ihren Kolleginnen im Lehrerzimmer und sprechen über die in den vergangenen Tagen erstellten Auswertungen über die Stufenerreichung ihrer Schüler. Angelika S. nutzt die Gelegenheit, um einen aufgrund der Auswertung deutlich werdenden erhöhten Förderbedarf vieler Schüler in ihrer Klasse anzumelden. Insgesamt stellt das Kollegium fest, dass die Schule möglicherweise den musischen Bereich etwas vernachlässigt, denn im Vergleich zu anderen Lernbereichen sind die Ergebnisse dort eher unterdurchschnittlich.

Was haben Sie im vergangenen Halbjahr mit den Kindern gemacht, welche Themen wurden behandelt, welche Projekte durchgeführt – und was kam dabei heraus? Um eine Grobplanung für das kommende Schuljahr entwickeln zu können, die auf dem Bedarf der Kinder aufbaut, müssen Sie zunächst ermitteln, wo sie stehen. Sie müssen wissen, welche Kompetenzen die Schülerinnen erworben haben, um daraus ableiten zu können, mit welchen Themen sie sich als nächstes beschäftigen werden.

Was ist zu tun? Sie müssen die Einzelauswertungen in Form der Stufenblätter der Schüler in einer Gesamtauswertung zusammenführen. Für jedes Kind müssen Sie ermitteln, auf welcher Stufe es in welchem Fach steht, um diese Zahlenwerte statistisch erfassen zu können. Folgende Fragen lassen sich anhand der Ergebnisse beantworten:

— Auf welcher Kompetenzstufe steht die Klasse in jedem Fach?

— Wie stark weichen einzelne Kinder der Klasse vom Durchschnitt ab?

Handlungsschritt:	Auswerten, auf welcher Stufe alle Kinder der Klasse / Lerngruppe stehen
Ziel:	Wir ermitteln, auf welchem Stand des Kompetenzerwerbs alle Kinder der Klasse / Lerngruppe in allen Fächern stehen.
Termin:	vor Beginn des Schulhalbjahrs / Schuljahrs
Aktionsform:	Einzelarbeit der Klassenlehrer jedes Kindes
Unterlagen:	leere Auswertungstabelle der Stufenauswertung und Stufenblätter aller Kinder

So gehen Sie vor:
Überprüfen Sie vor der Auswertung, ob Sie jedes Kind Ihrer Klasse hinsichtlich der Erreichung der Kompetenzstufen eingeschätzt haben.
Nach der Auswertung der Stufenblätter tragen Sie in einer Tabelle pro Kompetenzbereich ein, wie viele Schüler auf jeder Stufe stehen.
Bitte beachten Sie, dass die Nummerierung der Stufenblätter davon abhängt, wie viele Stufen des Kompetenzerwerbs es in einem Fach gibt.

Beispiel A: Ergebnisse der Stufenauswertung in der Klasse

Stufenauswertung der Klasse 3a
Datum: 18. Juli 2011

Stufe	Deutsch	Mathematik	Sachunterricht	Bildende Kunst	Musik	Sport	Englisch
6							
5	1	18	5	4		11	
4	18	3	14	15	15	4	
3	4	2	3	1	4	3	4
2			1	3	4	5	10
1							9
Durchschnittswert	3,9	4,7	4,0	3,9	3,5	3,9	1,8

Die Zahlenwerte in den Spalten entsprechen der Anzahl von Schülern, die die jeweilige Stufe erreicht haben.

Der Durchschnittswert in der unteren Zeile zeigt an, auf welcher Stufe die Schülerinnen Ihrer Gruppe pro Fach im Durchschnitt angelangt sind. So wird er errechnet: Sie multziplizieren die Anzahl an Kindern, die eine Stufe erreicht haben, mit der Nummer der Stufe und addieren dann die Ergebnisse für alle Stufen. Das Ergebnis teilen Sie durch die Gesamtanzahl an erfassten Kindern.

1 x (Anzahl Kinder Stufe 1) +
2 x (Anzahl Kinder Stufe 2) + ... +
6 x (Anz. Kinder Stufe 6) / (Anz. aller Kinder)

Die durchschnittlich in jedem Fach erreichte Stufe haben wir in der Tabelle jeweils gelb markiert. Man kann bei unserer Beispieltabelle ablesen, dass die meisten Kinder der Klasse 3a in Deutsch auf Stufe 4 stehen, in Mathematik auf Stufe 5, und so weiter.

Beispiel für die Spalte 1 (Fach Deutsch): Dreiundzwanzig Kinder wurden ausgewertet. Vier Kinder sind auf Stufe 3, achtzehn auf Stufe 4, eins auf Stufe 5.

Rechnung:

(3 x 4 + 4 x 18 + 5 x 1) / 23
= (12 + 72 + 5) / 23
= 89 / 23
= 3,9

Interpretation Beispiel A: Wie weit liegen meine Schüler im Lernbereich auseinander?

In welchem Lernbereich ist meine Lerngruppe eher homogen, in welchem Lernbereich ist der Abstand zwischen den schnellen und langsamen Lernern deutlich höher?
Wie groß ist der Differenzierungsbedarf in meiner Gruppe? Diese entscheidende Frage kann mithilfe der Auswertung von Beispiel A schnell beantwortet werden. In Mathe scheint es eine große Spitzengruppe zu geben, nur zwei Kinder liegen deutlich zurück – sie benötigen vielleicht eher einzelne Unterstützung. Anders der Fall in Englisch: Hier rangiert das Gros der Klasse auf Anfänger-Niveau, und nur wenige Ausreißer nach oben benötigen deutlich mehr Lern-Futter.

Beispiel B: Entwicklung der Klasse in Bezug auf die Mittelwerte

Stufenauswertung Klasse 3a
Erfasstes Fach: Deutsch
Datum: 18. Juli 2011

Stufe	Nach 1 Halbjahr	Nach 1 Jahr	Nach 1,5 Jahren	Nach 2 Jahren	Nach 2,5 Jahren	Nach 3 Jahren	Nach 3,5 Jahren	Nach 4 Jahren
4	0	0	0	1	3	7		
3	1	2	3	4	9	7		
2	6	10	12	11	9	7		
1	16	11	8	7	2	2		
Durch-schnitts-wert	**1,3**	**1,6**	**1,8**	**2,0**	**2,6**	**2,8**		

Auch in dieser Tabelle wurde pro Lernbereich (hier: Deutsch) eingetragen, wie viele Schüler jeweils auf welcher Stufe rangieren. Im Unterschied zu Beispiel A wurde diese Tabelle jedes Halbjahr weitergeführt, um die Kompetenzentwicklung über den gesamten Zeitraum überblickend betrachten zu können.

Interpretation Beispiel B: Wie kamen wir dieses Halbjahr voran?

Geht es voran mit der Entwicklung der Klasse? Haben wir schon viele Ziele erreicht, oder wächst langsam der Nachholbedarf in Bezug auf das, was an Kompetenzen erreicht werden soll? Haben sich die Schüler der Klasse in Bezug auf die Lernentwicklung eher angenähert, oder „geht die Schere auseinander"?
Diese Tabelle weist Ihren Fortschritt pro Lernbereich aus. In unserem Beispiel B ist die Klasse im vergangenen Halbjahr gut vorangekommen, hat sich etwa eine Stufe im Durchschnitt weiterentwickelt – der Durchschnittswert ging von 2,6 zu 2,8 hoch. Schade jedoch, dass immerhin zwei Schüler dabei nicht mitgekommen sind und nach wie vor auf Stufe 1 rangieren! Eine wichtige Folgerung wäre für die Lehrerin der Lerngruppe, hierauf viel Engagement zu richten.

Beispiel C: Vergleich zwischen Lerngruppen in Bezug auf ein Fach

Erfasstes Fach: Mathematik
Datum: 18. Juli 2011

Stufe	Klasse 1a	Klasse 2a	Klasse 2b	Klasse 3c	Mittelwert Klassen 1a – 3c
7				13	3,25
6		4	10	4	4,5
5		11	11	6	7
4	10	7	3	1	5,25
3	7				1,75
2	4				1
1	2				0,5
Durchschnitts-wert	3,1	4,9	5,3	6,2	4,9

Bei Beispiel C werden unterschiedliche Klassen miteinander verglichen, beispielhaft nicht nur zwei Parallelklassen, sondern auch Klassen unterschiedlicher Stufen. Untersuchungsthema war jeweils der Stand in Mathematik.

Interpretation Beispiel C: Wie stehen wir im Vergleich zu anderen Klassen da?

Wie schneidet unsere Klasse im Vergleich mit den gleichaltrigen Kindern der Nachbarklasse ab? Was kommt heraus, wenn man unterschiedliche Klassen, in denen Kinder verschiedenen Alters sind, einander gegenüberstellt?
Die Ergebnisse dieser Auswertung können Reflexionen innerhalb des Lehrerteams bewirken: Wieso gelingt es mir nicht so gut wie den Kollegen, meine Schüler zu fördern? Genauso kann es aber auch Ergebnis dieser Auswertung sein, über Klassenstrukturen nachzudenken: Wenn sich in einer Gruppe „Ausreißer" häufen, in der parallelen Gruppe jedoch nicht, sollte über eine Mischung der Klassen nachgedacht werden.

Basis für Selbstorganisiertes Lernen: Arbeiten im Team

Lehrer waren immer Einzelkämpfer: allein zu Hause vorbereiten, in der Schule nebeneinanderher arbeiten, informellen Austausch in einem kleinen Kreis von Kollegen suchen.
Diese, im Vergleich mit anderen Berufssparten, isolierte Arbeitsweise suchten sich die Lehrer nicht selbst aus, sondern sie ergab sich aus den tradierten Strukturen der Schule. Die Nachteile lagen seit jeher auf der Hand: Werden Schüler von vielen Fachlehrern unterrichtet, fehlt der inhaltliche Zusammenhang des Lernstoffs. Erlebt nur ein Lehrer ein Kind in einem bestimmten Unterrichtsfach, fehlt eine zweite Einschätzung, die seine Beurteilung womöglich relativiert. Unterrichtsprobleme werden unter den Tisch gekehrt, statt Hilfe bei Kollegen zu suchen. Und das Feedback über die Qualität des Unterrichts entfällt, wenn man nebeneinanderher arbeitet.

Folgende Formen der Zusammenarbeit bieten sich an:

- ganztägige Halbjahresplanungssitzungen, um längerfristige Ziele für die pädagogische Arbeit festzulegen und zu evaluieren, wie sie erreicht wurden;
- mehrstündige Monatsplanungssitzungen, um aufgrund langfristig festgelegter Bildungsziele konkrete Bildungsangebote, möglichst in Form übergreifender Projekte, zu planen;
- tägliche kurze Absprachen zu einem feststehenden Termin, um einander über den weiteren Verlauf gemeinsamer Planungen zu informieren;
- Jour-fixe-Termine aller Pädagogen mit Leitungsfunktionen;
- gegenseitige Hospitationen der Lehrer zu langfristig festgelegten Terminen.

Kapitel 3
Erfolge sichtbar machen und neue Ziele setzen: Schüler aktivieren mit Portfolios

War im vorausgegangenen Kapitel hauptsächlich davon die Rede, wie Lehrerinnen die Entwicklung der Schüler erfassen, liegt nun unser Schwerpunkt auf der Aktivität der Schülerinnen: Wie können wir mit Portfolios und begleitenden Ritualen erreichen, dass die Schüler selbst Einblick in die Erfolge erhalten, die sie zu weiterem selbstständigen Lernen motivieren?

Mein ganz persönliches Buch vom Lernen: Portfolio-Kennenlern-Tage

Die ersten Unterrichtstage nach den Ferien haben begonnen. Im Klassenraum sitzen die Schüler der 3a mit großen Ordnern, die sie bereits mit individuellen Ordnerrücken und einem Foto von sich dekoriert haben. Heute und morgen stellen sie Ich-Blätter her: Auf diesen Blättern erzählen sie mit Text und Bild etwas über sich. Bevor sie die Blätter in ihre Portfolios tun, die auf einem gut erreichbaren Bord im Klassenraum aufbewahrt werden, stellen sich die Schüler gegenseitig ihre Ich-Blätter vor. Der Lehrer nutzt das dabei entstehende Interesse für die Unterschiedlichkeit jedes Einzelnen, um mit den Schülerinnen über Lerntypen und ihre Bedeutung für das eigene Lernen zu sprechen.

Mit Portfolios kann man so und so arbeiten: Man kann den Ordner nach Monaten eher klassischen Unterrichtens aus dem Regal holen lassen, um kurz vor dem Ende des Halbjahres die Kinder aus all den entstandenen Arbeiten einige besonders Gelungene auswählen zu lassen. „Gratulations-Portfolios" wurde diese Verwendungsweise einmal bezeichnet, denn sie erinnert tatsächlich etwas an Geburtstage und andere Ehrentage: Einmal im Jahr soll etwas gewürdigt werden. Nette Absicht, aber: Mit dieser Art der Portfolioarbeit werden die Schüler kaum an Selbstorganisiertes Lernen herangeführt. Wer die vielfältigen Möglichkeiten des Portfolios nutzen möchte, Schülerinnen für ihr eigenes Lernen zu aktivieren, muss den anderen Weg bevorzugen: Regelmäßig, möglichst sogar jede Woche, wird mit dem Portfolio gearbeitet. Und das Portfolio wird in den ersten Wochen systematisch eingeführt, damit die Schüler damit vertraut sind und es als ihr persönliches Buch des Lernens schätzen.

Wer die Portfolioarbeit neu in einer Gruppe einführt, sollte einen mehrtägigen Zeitraum zu Beginn des Schuljahres dafür einplanen. Natürlich wird es in diesen „Portfolio-Tagen" nicht ausschließlich um das Anfertigen von Blättern für den Ordner gehen, aber immer wieder sollte auf das, was vor allem die Ich-Blätter als Botschaft enthalten, Bezug genommen werden: Jeder ist anders, und deswegen lernt jeder auf seine Weise. Wer erfolgreich lernen möchte, muss seinen persönlichen Weg des Lernens finden. Eine Portfolio-Startwoche lässt sich gut mit der Vermittlung von Methodenkompetenz und Teamfähigkeit verbinden.

Botschaft der Portfolio-Kennenlern-Phase:
Das Portfolio wird von nun an unser Lernen begleiten und im Laufe der Zeit immer mehr davon erzählen, was wir dazugelernt haben. Um gut lernen zu können, muss man etwas über seine Stärken und Besonderheiten erfahren.

Handlungs-schritt:	Das Portfolio als Arbeitsinstrument einführen
Ziel:	Die Schüler lernen das Portfolio als Arbeitsinstrument kennen und identifizieren sich mit ihrem persönlichen Ordner. Sie denken über ihre besonderen Stärken und Hürden beim Lernen nach.
Termin:	Erste Woche nach Beginn des Schuljahrs
Aktionsform:	Projektartiger Unterricht
Unterlagen:	Ordner (am besten breit, Hebelmechanik, weiß), ausgedruckte Ich-Blätter, Stufenblätter für jedes Kind

Über Lernprozesse sprechen: Die Portfolio-Stunde

Es ist Freitagmittag. Die eigentliche Unterrichtswoche ist schon zu Ende, und jetzt sitzt die Klasse zusammen, um über die Woche zu sprechen: Wie hat das Lernen funktioniert, was ging leicht, was schwer? Neben Gesprächen passiert aber auch etwas ganz Konkretes: Die Schülerinnen fertigen zu einzelnen Lern-Themen ein „Geschafft! Gelernt"-Blatt an oder tragen gemeinsam mit dem Lehrer auf dem Stufenblatt ein, dass sie eine bestimmte Kompetenz erreicht haben. In den ersten Monaten passierte diese Einschätzung vor allem auf Betreiben des Lehrers und eher im Gleichschritt, aber inzwischen schlagen die Schülerinnen auch selbst vor, eine bestimmte Kompetenz erworben zu haben – und spannende Diskussionen entstehen.

Immer, wenn eine Kompetenz erreicht wurde, dieses per Portfolio-Blatt und Eintragung im Stufenblatt zu vermerken – praktisch funktioniert das kaum ohne ein entsprechendes Ritual. Empfehlenswert ist es daher, einen fixen Termin in der Woche einzuplanen, an dem das Nachdenken über die „Lernerfolge der Woche" Hauptthema ist. Eine Portfolio-Stunde am Wochenausklang empfiehlt sich dafür. Sie kann nicht nur zu diesem Rückblick genutzt werden, sondern in ihr können Sie sich auch mit den Vorhaben in der kommenden Woche beschäftigen, um die Schüler auf neue Ziele einzustimmen.

Frontal und im Gleichschritt können Sie eine solche Portfolio-Stunde kaum erfolgreich durchführen, denn je mehr die Schüler individuelle Ziele „abrechnen" und dieses auch auf den Stufenblättern eintragen möchten, umso mehr besteht Bedarf für Einzelgespräche. Es ist also angebracht, nach einem Klassengespräch über die Lernsituation der vergangenen Woche eine Arbeitsphase zu ritualisieren, in der jeder Schüler an Einzelaufgaben wie einer kurzen Wochenauswertung („So lief meine Woche") oder einem „Geschafft! Gelernt!"-Blatt arbeitet, um als Lehrerin Zeit für das Gespräch mit jeweils einem Kind zu haben. Empfehlenswert kann es sein, den Zeitraum für Gespräche durch offene Arbeitsformen auf mehrere Stunden auszudehnen sowie fixe Gesprächstermine über mehrere Wochen zu verabreden („Lea, nächste Woche haben wir Zeit, zusammen über dein Portfolio zu sprechen").

Was braucht ein Schüler, um ein aussagekräftiges „Geschafft! Gelernt!"-Blatt als Lernbeweis auszufüllen? Ein sichtbarer Beweis für den Lernerfolg ist unerlässlich. Während sich in Deutsch, Mathe oder Sachunterricht Arbeitsproben mit großem Eigenanteil der Schülerin eignen – also keine bloßen Tests oder ausgefüllten Arbeitsblätter, sondern möglichst eigenständige Arbeiten! – bieten sich für den Sportunterricht oder umfangreiche Werke in Kunst Fotos an und für Musik Tonaufnahmen.

Botschaft der Portfolio-Stunde:
Wir schaffen eine dem Wochenausklang angemessene Atmosphäre und reflektieren mit den Schülern die zurückliegende Woche. Auf der Grundlage der Gespräche verschaffen wir uns und den Schülern einen Überblick über Ziele und Aufgaben, die in der nächsten Woche anstehen. Jeder weiß am Ende der Stunde, was er besonderes geleistet hat und was als nächstes ansteht.

Handlungsschritt:	Über das in der vergangenen Woche Erreichte und anstehende Ziele sprechen
Ziel:	Ihre individuellen Lernfortschritte sind den einzelnen Schülern bewusst; sie fühlen sich dadurch aktiviert zum weiteren Lernen.
Termin:	am Ende jeder Woche
Aktionsform:	Klassengespräch, Einzelarbeit der Schüler, Vier-Augen-Gespräche
Unterlagen:	Portfolios der Schüler, Arbeitsergebnisse als Grundlage für „Geschafft! Gelernt!"-Blätter, evtl. Fotos von den Schülern als Lernbeweis

Basis für Selbstorganisiertes Lernen: Sozialkompetenz

Bestimmte Herausforderungen kann man nur gemeinsam bewältigen. Auch für viele schulische Ziele gilt: Ohne Zusammenarbeit und gutes Miteinander sind sie nicht zu erreichen.
Sozialkompetenz ist eine Schlüsselqualifikation in unserer modernen Welt. Deshalb sollten Sie früh damit beginnen, sie bei den Kindern zu fördern.
Ein gutes Mittel für den Alltag ist die Ritualisierung von Morgen- und Abschlusskreisen, in denen soziale Belange besprochen werden können. Sinnvoll ist die Vereinbarung konkreter sozialer Ziele.
Die sozialen Ziele sollten in einer klaren, den Schülern verständlichen Sprache formuliert sein. Einigen Sie sich im Team darauf, welche sozialen Ziele für welche Altersstufe Priorität haben, und beziehen Sie Ihre Beobachtungen und Erfahrungen hinsichtlich der derzeitigen Situation bei der Festlegung mit ein.

Weil besonders jüngere Schüler nicht alle sozialen Ziele immer im Blick behalten können, sollten Sie jede Woche auf ein bis zwei dieser Ziele achten und mit den Kindern daran arbeiten, dass sie erreicht werden.

Soziale Ziele können Sie präsent halten, indem Sie am Ende einer Lerneinheit kurz mit der Gruppe reflektieren: Mit welchem sozialen Ziel haben wir uns heute beschäftigt? Was haben wir getan?

Was ich kann und woran man das erkennt: Auswertungsgespräche zum Lernbeweis

Luise möchte per „Geschafft! Gelernt!"-Blatt im Portfolio nachweisen, dass sie das Ziel „Ich kann einen Brief schreiben" erreicht hat, und natürlich möchte sie auch ihr Kürzel auf die entsprechende Zeile im Stufenblatt Deutsch 3 setzen: Wieder was geschafft! Angelika S. berät mit Luise im Einzelgespräch, woran sie erkennt, ob sie das wirklich kann und ob ihr Brief, den sie als Beweis gerne abheften möchte, als Beleg geeignet ist. Später werden sie über ein weiteres auf dieser Liste enthaltenes, noch unerreichtes Ziel reden: „Ich kann in Schulausgangsschrift schreiben". Was kann die ehrgeizige Luise tun, um dieses Ziel – das für andere Schüler noch lange nicht ansteht – demnächst abrechnen zu können?

Das Auswertungsgespräch – egal, ob es innerhalb der Portfolio-Stunde oder bei offenen Unterrichtswochen zu einem anderen, von Lehrerin und Schüler individuell verabredeten Termin stattfindet – möchten wir hier noch einmal detailliert erörtern: Schließlich ist es einer der Schlüsselmomente für das selbstorganisierte, individuelle Lernen.

In diesem Gespräch weisen die Schüler nach, dass sie bestimmte Kompetenzen erworben haben. Grundlage dafür ist, dass Schülerin und Lehrerin vorher die Form des Lernbeweises vereinbart haben: „Mit welchem Arbeitsergebnis kann ich zeigen, dass ich das kann?" Sie als Lehrender unterstützen die Schüler darin, die Nachweise der Kompetenz selbstständig zu erbringen. Auf diese Weise lernen die Schüler, ihre Arbeit und ihre Vorgehensweisen zu reflektieren und selbst anhand von Kriterien zu erkennen, ob sie ein Ziel erreicht haben. Deshalb ist es wichtig, erbrachte Leistungen hinterher gemeinsam zu besprechen. Nur wenn ein Lernbeweis den vorab besprochenen Voraussetzungen entspricht, kann er in das Portfolio geheftet werden.

Im Auswertungsgespräch soll den Schülern bewusst werden, dass sie etwas gelernt haben. Deshalb müssen Sie sie grundsätzlich darin befähigen, ihre Lernleistung zu verbalisieren. Dabei geht es nicht um abstrakte Begriffe und ausführliche Begründungen, schon gar nicht bei jüngeren Schülern. Die Auswertung soll die Reflexion lediglich anbahnen, zum Beispiel mit der Frage: „Was hast du gelernt?" Beschreiben jüngere Schülerinnen, was sie konkret gemacht oder woran sie gearbeitet haben, ist das schon ein großer Schritt. Ältere Schüler hingegen sollten die Kriterien nutzen, um zu begründen, dass sie ihre Ziele erreicht haben.

Auswertungen können im Vier-Augen-Gespräch oder im Gruppengespräch erfolgen und sich den inhaltlichen Unterrichtszielen widmen. Dadurch erhalten die Gespräche einen greifbaren Bezug zu dem, woran die Schüler gearbeitet haben. Der Beweis oder Nachweis dafür, dass ein Schüler ein Ziel erreicht und eine Kompetenz erworben hat, wird mit dem „Geschafft! Gelernt!"-Blatt geführt. So ist auch nach einiger Zeit noch ersichtlich, in welchem Zusammenhang Ziel, Kompetenz und Lernbeweis standen.

Wenn das Auswerten des Erreichten ritualisiert ist, können wir damit beginnen, im Einzelgespräch zunehmend auch über individuelle Ziele zu sprechen:

Welches der auf den Stufenblättern enthaltenen Ziele möchtest du als nächstes erreichen? Was willst du dafür tun?

Beim Festhalten von Zielen empfehlen wir folgende Schritte:

- gemeinsam vereinbarte Ziele schriftlich festhalten, vielleicht mit einem zusätzlichen Piktogramm;
- mit den Kindern besprechen, auf welchem Weg sie diese Ziele erreichen können;
- besprechen, woran man erkennt, dass ein Ziel erreicht wurde, also Kriterien aufstellen.

Botschaft des Auswertungsgesprächs zum Lernbeweis:
Ich bespreche meinen Lernbeweis mit meinem Lehrer und weise nach, dass ich eine Kompetenz erreicht habe. Dazu werte ich meinen Lernbeweis mit meinem Lehrer anhand vorher vereinbarter Kriterien aus. Damit ich später noch stolz auf das Erreichte sein kann, hefte ich meinen Lernbeweis mit der Beurteilung in mein Portfolio.

Handlungs-schritt:	Reflektieren, ob eine Kompetenz erreicht wurde und in welchen Schritten man das nächste Ziel erreichen kann
Ziel:	Anhand klarer Kriterien fällt Lehrer und Schüler eine einvernehmliche Bewertung der Kompetenzerreichung leicht.
Termin:	In der Portfolio-Stunde oder individuell vereinbart, wenn ein Schüler einen wichtigen Lernschritt absolviert hat
Aktionsform:	Einzelgespräch des Lehrers mit dem Schüler
Unterlagen:	Stufenblatt, „Geschafft! Gelernt!"-Blatt

Sich der Fülle an Gelerntem bewusst werden: Portfolio-Woche

Das Schulhalbjahr geht zu Ende. Es ist an der Zeit, die mittlerweile gut gefüllten Portfolios der Schüler ganz in Ruhe durchzublättern, um sich am Erreichten zu erfreuen und sich zurückzuerinnern: „Ach, das war ja schwer!", „Das hatte mir viel Spaß gemacht!" Neben dem Betrachten der zahlreichen Lernbeweise gibt es aber auch viel zu tun: Manche Blätter, stellen Kinder fest, sind eigentlich überflüssig, weil andere Seiten die gleiche Kompetenz viel besser belegen: „Meine lange Geschichte ist viel toller als dieser kurze Text!" Bei anderen Kompetenzen auf den Stufenblättern kann jetzt eingetragen werden, dass sie eher nebenher erreicht wurden. Diese Feinarbeit an den Portfolios lohnt sich vor allem im Hinblick auf den Abschluss und Höhepunkt der Portfolio-Woche: Die Eltern sind dann zu Gast in der Schule, um sich von ihrem Kind das Portfolio vorführen zu lassen.

Es ist wichtig, in der Portfolioarbeit ab und zu innezuhalten und sich eine Rückschau zu gönnen, denn dadurch merkt man erst, dass und wie man sich weiterentwickelt hat. Die Portfolio-Woche, die wir zwei Mal jährlich zum Halbjahresende durchführen, ist ein Ritual, das Kindern die eigene Entwicklung fassbar macht, Fortschritte hervorhebt und würdigt.

Nebenbei stellt sich in der Portfolio-Woche auch heraus: Sind die Ordner gut sortiert, vollständig und gut zu durchblättern? Fehlt ein wichtiges Blatt? Sind Blätter überflüssig? Muss an der Form der Mappe noch gearbeitet werden, wenn sie das Können eines Kindes wirklich repräsentieren soll?

So kann eine Portfolio-Woche ablaufen: Sie verabreden sich mit jedem Kind, um sein Portfolio mit ihm durchzuschauen, Blatt für Blatt. Bei jedem interessanten Blatt fragen Sie nach, was darauf zu sehen ist und ob sich die Schülerin noch daran erinnert. Gerade die Ich-Blätter geben eine gute Gesprächsgrundlage.

Fehlen Blätter? Gibt es kürzlich Gelerntes, das unbedingt noch in die Mappe gehört? Manchmal werden Sie mit dem Schüler vereinbaren, ein weiteres Blatt anzufertigen. Manchmal sortieren Sie Blätter aus, die im Rückblick nicht mehr wichtig sind. Wenn die Kinder beginnen, selbstständig an ihren Portfolios zu arbeiten, heften sie begeistert jedes verwendbare Blatt ab. Jetzt, in der Portfolio-Woche, ist Gelegenheit, die Auswahl kritisch zu überprüfen.
Viel Zeit sollten Sie dafür aufwenden, der Gruppe einzelne Blätter vorzustellen. Jedes Kind kann ein Blatt oder mehrere Blätter präsentieren. Als Leitfragen dienen: Worauf bist du besonders stolz? Was fiel dir schwer?

In der Portfolio-Woche öffnet sich die Schule den Eltern. Sie können hospitieren. Vor allem aber werden sie zum Portfoliogespräch eingeladen, in dem ihr Kind, unterstützt von der Bezugspädagogin, das im Portfolio Dokumentierte präsentiert.
Wie endet eine Portfolio-Woche? Ein Sommer- oder Winterfest, ein Ausflug, mindestens aber ein großes gemeinsames Frühstück kann die Woche abschließen, in der das Lernen gefeiert wird.

Handlungsschritt:	Beim Präsentieren und Vervollständigen des Portfolios Rückschau halten, was im letzten Halbjahr erreicht wurde
Ziel:	Die Schüler erfahren das Ausmaß an hinzugekommenen Fähigkeiten, erfahren Wertschätzung dafür und werden so für das weitere Lernen motiviert.
Termin:	am Ende des Schulhalbjahrs / Schuljahrs
Aktionsform:	Gesprächsrunden, Einzel- und Gruppenarbeit, Präsentationsphasen
Unterlagen:	Portfolio-Ordner, Fotos als Lernbeweise, Formblätter für das Portfolio, Kreativmaterial zum Ausschmücken der Portfolios

Wertschätzung sichern, Mitstreiter aktivieren: Portfoliogespräche mit Eltern und Kind

Luises Mutter ist platt. Zwar weiß sie natürlich, dass ihre Tochter ein ehrgeiziges und lernfreudiges Kind ist, aber von manchen der im Portfolio dokumentierten Lernfortschritte hatte sie nichts mitbekommen. Fast noch mehr begeistert sie jedoch die selbstbewusste Art, mit der Luise den Ordner vorführt und zu ihrer eigenen Entwicklung sprechen kann. Nur selten muss Angelika S. ihr als Lehrerin in diesem Gespräch mit Impulsen zur Seite stehen.
Roberts Eltern gehen eher erleichtert aus dem Gespräch. Sie wissen, dass ihrem Sohn aufgrund seiner deutlichen Lese-Rechtschreib-Schwäche das Lernen in vielen Fächern nicht leicht fällt. Die selbstbewusste Art, mit der Robert im Gespräch anhand seiner „Geschafft! Gelernt!"-Blätter zeigt, was er dennoch alles gelernt hat, nimmt den Eltern ebenso manche Sorge wie die mit Lehrerin und Kind verabredeten Schritte, wie man gemeinsam Robert in puncto Schreiberwerb voran bringen kann.

Zum Abschluss jedes Schuljahrs werden die Eltern zum Portfoliogespräch eingeladen. Wer führt dieses Gespräch, wer hört zu?
Bei den althergebrachten Elterngesprächen war diese Frage leicht zu beantworten: Lehrer bereiteten das Gespräch detailliert vor, trugen ihre Einschätzungen vor, hörten sich die Fragen der Eltern an und holten eventuell deren Meinungen zum Gesagten ein.

Pädagoginnen und Eltern sind arbeitsteilig mit der gemeinsamen Aufgabe befasst, ein Kind optimal auf das Erwachsenenleben vorzubereiten und ihm eine gute Kindheit zu verschaffen. Entsprechend dieser zeitgemäßen Auffassung des Erziehens ist es unausweichlich, die Rollen im Portfoliogespräch anders zu verteilen. Beide Seiten, Eltern und Lehrer, sollen aktiv mitwirken, ihre Sichten einbringen und ihre Zielvorstellungen benennen, um sich schließlich auf eine gemeinsame Zielrichtung zu einigen.

Versteht man das Portfoliogespräch so, ergeben sich folgende Schlussfolgerungen:

- Beide Seiten sollten vorbereitet in das Portfoliogespräch gehen. Sie als Lehrer bereiten sich ohnehin durch das Ausfüllen des Kompetenzbogens vor. Sinnvoll ist es, auch den Eltern eine Vorbereitung zu ermöglichen, indem Sie ihnen Kopien des unausgefüllten Kompetenzbogens aushändigen, so dass sie ihre Einschätzungen vorab eintragen können.

- Portfoliogespräche brauchen einen ritualisierten, beiden Seiten bekannten Ablauf. Zwar wird den Pädagogen die Gesprächsmoderation zufallen, aber wenn der Ablauf vorher festgelegt wurde, überblicken Eltern und Pädagogen, in welcher Phase des Gesprächs welcher Inhalt behandelt wird.

- Dem Portfolio kommt im kooperativ geführten Elterngespräch eine besondere Bedeutung zu, denn das Portfolio richtet sich an alle am Lernprozess Beteiligten. Bei der gemeinsamen Betrachtung des Portfolios eröffnet sich ihnen kein Blick in ein unbekanntes Dossier, sondern in ein Werk, an dem beide Seiten Anteil haben.

- Im Portfolio ist Platz für Blätter, auf denen Ziele verabredet werden. Es ist angebracht, sich zum Schluss eines Elterngesprächs auf schriftlich fixierte Ziele zu einigen, die sich auf die Entwicklung des Kindes beziehen und an denen beide Seiten mitarbeiten können.

Für Kinder kein Zutritt? Lange Zeit war es unvorstellbar, dass Kinder dabei sein dürfen, wenn „über sie" gesprochen wird. Je besser es Eltern und Lehrern gelingt, über die Stärken und nicht über die Probleme von Kindern zu sprechen, je mehr das Portfolio dabei als Arbeitsinstrument genutzt wird, umso sinnvoller wird es, die Kinder einzubeziehen.

Wollen Sie Kinder ins Portfoliogespräch einbeziehen, müssen Sie das gut vorbereiten, sich also vorab mit den Eltern auf einen wertschätzenden Umgang mit den Lernprozessen der Kinder verständigen und mit den Kindern üben, worauf es beim Vorstellen des Portfolios ankommt.
Eltern und Lehrer können zum Abschluss eines Gesprächs neue Seiten für die Portfolio-Mappe beisteuern, zum Beispiel das Blatt „Wichtige Schritte", auf dem Lern- und Entwicklungsschritte von den Eltern dokumentiert werden, oder das Blatt „Seite für dich".

Einmal im Halbjahr die eigenen Erfolge vorzustellen – das ist selten. Deshalb sollten Sie Kinder und Eltern motivieren, die Portfolio-Mappe zwischendurch immer mal wieder gemeinsam zu betrachten, damit die Eltern ihr Interesse daran zeigen können und so das Bedürfnis der Kinder unterstützen, ihre Mappen zu präsentieren.

Handlungsschritt:	Auswerten, auf welcher Stufe alle Kinder der Klasse / Lerngruppe stehen
Ziel:	Wir ermitteln, auf welchem Stand des Kompetenzerwerbs alle Kinder der Klasse / Lerngruppe in allen Fächern stehen.
Termin:	vor Beginn des Schulhalbjahrs / Schuljahrs
Aktionsform:	Einzelarbeit der Klassenlehrer jedes Kindes
Unterlagen:	leere Auswertungstabelle der Stufenauswertung und Stufenblätter aller Kinder

Übersicht: Planungsschritte

Welcher Schritt?		**Wann findet er statt?**	**Wer agiert?**	**Welches Formblatt verwenden wir?**
Einschätzen, wo jedes Kind steht und welche Kompetenzen es besitzt	Stufen-Check	zu Beginn des Halbjahres	Lehrer in Einzelarbeit	Stufenblätter
Festlegen, welche Kompetenzziele im nächsten Halbjahr erreicht werden sollen	Nach dem Stufen-Check	zu Beginn des Halbjahres	Lehrerteam	Ziel-Karten
Auswählen, mit welchen Themen die Ziele im kommenden Monat erreicht werden sollen	Monatsplanungssitzung	vor Beginn des neuen Monats	Lehrerteam	Lotusplan mit Monatsthemen Ziel-Karten
Vorstellen, was geplant ist, und besprechen, welche Ziele erreicht werden sollen	Portfolio-Stunde	am Ende der Woche	Lehrer mit Schülern	
Dokumentieren, welche Ziele die Kinder erreicht haben	Portfolio-Stunde, bei Bedarf	fortlaufend	Lehrer mit Schülern	Geschafft! Gelernt! Stufenblätter
Abheften, ordnen, besprechen der neuen Portfolio-Belege	Portfolio-Stunde	am Ende der Woche	Lehrer mit Schülern	Geschafft! Gelernt!
Reflektion des Lernens in der vergangenen Woche fördern	Portfolio-Stunde	am Ende der Woche	Lehrer mit Schülern	
Reflektion der Entwicklung im letzten Halbjahr fördern	Portfolio-Woche	Ende des Halbjahres	Lehrer mit Schülern	Portfolio
Vorstellen des Portfolios durch das Kind	Portfoliogespräch	Ende des Halbjahres, möglichst am Ende der Portfolio-Woche	Lehrer, Eltern, eventuell Kind	Portfolio
Einschätzen, wo jedes Kind steht und welche Kompetenzen es besitzt	Stufen-Check	vor oder zu Beginn des neuen Halbjahres	Lehrer in Einzelarbeit	Stufenblätter

Stufenblatt Deutsch
Stufe 1

Name: **Jahr:**

Nr.	Kompetenz	Schüler/in	Lehrer/in	Beweis
	Sprechen und Zuhören			
1	Ich kann beim Zuhören verstehen, worüber berichtet wird.			
2	Ich kann Laute erkennen und unterscheiden.			
3	Ich kann eine Geschichte wiedergeben oder ein längeres Erlebnis schildern.			
	***Lesen** — mit Texten und Medien umgehen*			
4	Ich kann Schriftzeichen, Wörter und Symbole in der Umwelt erkennen.			
5	Ich kann einfache Wörter lesen.			
	***Schreiben** — Texte verfassen und Rechtschreiben*			
6	Ich kann einfache Wörter lautgetreu schreiben.			
7	Ich kenne das Alphabet.			
8	Ich kann einen kurzen Text lesbar in Druckschrift abschreiben.			

Dieses Stufenblatt wurde am **erreicht.**

Unterschrift Lehrer / in: **Unterschrift Schüler / in:**

Kriterienblatt Deutsch
Stufe 1

Nr.	Kompetenz	Kriterien
	Sprechen und Zuhören	
1	Ich kann beim Zuhören verstehen, worüber berichtet wird.	*Ich kann wichtige Informationen aus einem mündlichen Bericht wiedergeben.*
2	Ich kann Laute erkennen und unterscheiden.	*Ich benutze die Anlauttabelle und finde heraus mit welchem Laut ein Wort beginnt. Ich kann Silben klatschen und Reimwörter erkennen.*
3	Ich kann eine Geschichte wiedergeben oder ein längeres Erlebnis schildern.	*Ich kann in ganzen und richtigen Sätzen berichten. Ich achte auf die richtige Reihenfolge (roter Faden) und lasse nichts Wichtiges aus.*
	***Lesen** — mit Texten und Medien umgehen*	
4	Ich kann Schriftzeichen, Wörter und Symbole in der Umwelt erkennen.	*Ich unterscheide große und kleine Buchstaben. Ich verstehe und benutze einfache Zeichensysteme (z.B. Stundenplaner lesen).*
5	Ich kann einfache Wörter lesen.	*Ich kann bekannte Wörter lesen und erkenne Wörter, die oft wiederkehren.*
	***Schreiben** — Texte verfassen und Rechtschreiben*	
6	Ich kann einfache Wörter lautgetreu schreiben.	*Ich nutze die Anlauttabelle und schreibe mit ihrer Hilfe Wörter.*
7	Ich kenne das Alphabet.	*Ich kann das Alphabet in richtiger Reihenfolge aufsagen und große und kleine Buchstaben schreiben.*
8	Ich kann einen kurzen Text lesbar in Druckschrift abschreiben.	*Ich kann Sätze abschreiben. Ich halte dabei die Schreibrichtung und die Lineatur ein.*

Stufenblatt Deutsch
Stufe 2

Name: **Jahr:**

Nr.	Kompetenz	Schüler/in	Lehrer/in	Beweis
	Sprechen und Zuhören			
1	Ich kann ein Gespräch führen und Gesprächsregeln einhalten.			
2	Ich kann gehörte Geschichten nacherzählen.			
3	Ich kann eine mehrschrittige Aufgabe verstehen und umsetzen.			
	***Lesen** — mit Texten und Medien umgehen*			
4	Ich kann einfache Texte laut lesen und verstehen.			
5	Ich kann in einer Bibliothek ein Buch aussuchen und ausleihen.			
	***Schreiben** — Texte verfassen und Rechtschreiben*			
6	Ich kann mit dem Alphabet arbeiten.			
7	Ich kann Übungswörter richtig schreiben und weiß, wie ich mir die Schreibweisen einpräge.			
8	Ich kann einfache Texte selbstständig schreiben.			
	Sprache untersuchen			
9	Ich kann Wortgrenzen einhalten.			

Dieses Stufenblatt wurde am **erreicht.**

Unterschrift Lehrer / in: **Unterschrift Schüler / in:**

Kriterienblatt Deutsch
Stufe 2

Nr.	Kompetenz	Kriterien
	Sprechen und Zuhören	
1	Ich kann ein Gespräch führen und Gesprächsregeln einhalten.	*Ich kann mich mit einer Person so unterhalten, dass sie mich versteht und ich sie. Auf meinen Gesprächspartner gehe ich ein. Ich kann das Gespräch fortführen. Ich halte mich an die Gesprächsregeln wie zuhören, ausreden lassen, melden, laut und deutlich sprechen.*
2	Ich kann gehörte Geschichten nacherzählen.	*Ich erzähle die Geschichte mit eigenen Worten und in der richtigen Reihenfolge nach.*
3	Ich kann eine mehrschrittige Aufgabe verstehen und umsetzen.	*Ich verstehe die Aufgabenstellung und bearbeite sie selbstständig. Wenn etwas unklar ist, frage ich nach.*
	***Lesen** — mit Texten und Medien umgehen*	
4	Ich kann einfache Texte laut lesen und verstehen.	*Ich verbinde beim Lesen die Silben zu Wörtern und halte Pausen ein.*
5	Ich kann in einer Bibliothek ein Buch aussuchen und ausleihen.	*Ich kann mich in einer Bibliothek anmelden, zurechtfinden und ein interessantes Buch für mich aussuchen. Ich weiß, dass ich das Buch nur für eine bestimmte Zeit ausleihe und, dass ich das Buch danach zurückbringen muss.*
	***Schreiben** — Texte verfassen und Rechtschreiben*	
6	Ich kann mit dem Alphabet arbeiten.	*Ich kann Wörter nach dem ersten Buchstaben ordnen. Ich kenne Vorgänger und Nachfolger der Buchstaben.*
7	Ich kann Übungswörter richtig schreiben und weiß, wie ich mir die Schreibweisen einpräge.	*Ich kann geübte Wörter richtig schreiben, auch solche, die anders klingen, als sie geschrieben werden. Ich kenne verschiedene Übungsformen wie Schleich- und Partnerdiktat. Ich kenne „Eselsbrücken", die mir beim Einprägen der Schreibweisen helfen.*
8	Ich kann einfache Texte selbstständig schreiben.	*Ich kann in einem Text etwas erzählen.*
	Sprache untersuchen	
9	Ich kann Wortgrenzen einhalten.	*Zwischen den Wörtern lasse ich einen kleinen Abstand.*

Stufenblatt Deutsch
Stufe 3

Name: **Jahr:**

Nr.	Kompetenz	Schüler/in	Lehrer/in	Beweis
	Sprechen und Zuhören			
1	Ich kann meine Meinung begründet darstellen.			
	***Lesen** — mit Texten und Medien umgehen*			
2	Ich kann einfache Texte lesen und den Inhalt wiedergeben.			
3	Ich kann laut vorlesen.			
	***Schreiben** — Texte verfassen und Rechtschreiben*			
4	Ich kenne einfache Rechtschreibregeln.			
5	Ich kann in Schreibschrift schreiben.			
6	Ich kann einfache Texte nach eigenen Ideen schreiben.			
7	Ich kann einen Brief schreiben.			
	Sprache untersuchen			
8	Ich kann einen Satz durch einen Punkt beenden.			
9	Ich kann Nomen erkennen.			

Dieses Stufenblatt wurde am **erreicht.**

Unterschrift Lehrer / in: **Unterschrift Schüler/in:**

Kriterienblatt Deutsch
Stufe 3

Nr.	Kompetenz	Kriterien
	Sprechen und Zuhören	
1	Ich kann meine Meinung begründet darstellen.	*Ich habe eine eigene Meinung und kann diese begründen. Ich finde Argumente und kann diese verständlich vortragen.*
	***Lesen** — mit Texten und Medien umgehen*	
2	Ich kann einfache Texte lesen und den Inhalt wiedergeben.	*Ich kann unbekannte Texte lesen, dabei wichtige Informationen erkennen und anschließend auf Fragen antworten.*
3	Ich kann laut vorlesen.	*Ich lese laut und deutlich vor, sodass mich alle verstehen können.*
	***Schreiben** — Texte verfassen und Rechtschreiben*	
4	Ich kenne einfache Rechtschreibregeln.	*Ich schreibe den Satzanfang groß. Ich schreibe viele Nomen groß. Ich kenne einige Rechtschreibtricks.*
5	Ich kann in Schreibschrift schreiben.	*Ich kann Buchstaben verbinden und achte darauf, dass ich und andere lesen können, was ich geschrieben habe.*
6	Ich kann einfache Texte nach eigenen Ideen schreiben.	*Ich schreibe eine kurze Geschichte auf. Ich achte auf eine klare und verständliche Handlung. Ich schreibe den fertigen Text lesbar auf.*
7	Ich kann einen Brief schreiben.	*Ich kann an jemanden einen Wunsch / Gruß / eine Frage schreiben.*
	Sprache untersuchen	
8	Ich kann einen Satz durch einen Punkt beenden.	*Ich kann Satzgrenzen einhalten. Ich kann nach jeder Satzeinheit einen Punkt setzen.*
9	Ich kann Nomen erkennen.	*Ich kenne Merkmale von Nomen. Ich erkenne Nomen in Texten. Ich weiß, dass Nomen groß geschrieben werden.*

Stufenblatt Deutsch
Stufe 4

Name: **Jahr:**

Nr.	Kompetenz	Schüler/in	Lehrer/in	Beweis
	Sprechen und Zuhören			
1	Ich kann im Gespräch Informationen einholen und an andere weitergeben.			
2	Ich kann Geschichten weiter- und nacherzählen.			
	Lesen *— mit Texten und Medien umgehen*			
3	Ich kann mir mit Hilfe verschiedener Medien gezielt Informationen beschaffen.			
4	Ich kann eine schriftliche Arbeitsanweisung verstehen und ausführen.			
5	Ich kann schwierige Texte lesen und verstehen.			
6	Ich wende Lesestrategien an, um einen Text gut zu verstehen.			
7	Ich kann ein Buch aussuchen, lesen und vorstellen.			

Nr.	Kompetenz	Schüler/in	Lehrer/in	Beweis
	Schreiben — *Texte verfassen und Rechtschreiben*			
8	Ich kann eine längere eigene Geschichte schreiben.			
9	Ich kenne wichtige Rechtschreibstrategien und kann das Wörterbuch nutzen.			
	Sprache untersuchen			
10	Ich kann Wortarten unterscheiden.			
11	Ich kann Satzarten unterscheiden und Satzzeichen setzen.			

Dieses Stufenblatt wurde am **erreicht.**

Unterschrift Lehrer/in: **Unterschrift Schüler/in:**

Kriterienblatt Deutsch
Stufe 4

Nr.	Kompetenz	Kriterien
	Sprechen und Zuhören	
1	Ich kann im Gespräch Informationen einholen und an andere weitergeben.	*Ich kann Informationen vermitteln und festhalten. Ich gebe Informationen klar und verständlich weiter, z.B. Anleitungen, Interviews führen etc.*
2	Ich kann Geschichten weiter- und nacherzählen.	*Ich kann eine gehörte/gelesene Geschichte mit anderen Kindern oder allein in richtiger Abfolge nacherzählen. Ich kann mir zu einer Geschichte ein eigenes Ende ausdenken.*
	***Lesen** — mit Texten und Medien umgehen*	
3	Ich kann mir mit Hilfe verschiedener Medien gezielt Informationen beschaffen.	*Ich kann mir Informationen auf unterschiedliche Weise beschaffen (Zeitungsartikel, Buchtexte auswerten, Internetrecherche mit Suchmaschinen). Ich kann Informationen zusammenstellen und diese mündlich und schriftlich wiedergeben.*
4	Ich kann eine schriftliche Arbeitsanweisung verstehen und ausführen.	*Ich lese die Aufgabenstellung genau durch und verstehe, was ich machen soll. Ich kann die Aufgabe selbstständig bearbeiten.*
5	Ich kann schwierige Texte lesen und verstehen.	*Ich kann einen schwierigen literarischen oder Sachtext selbstständig lesen und dazu Fragen beantworten.*
6	Ich wende Lesestrategien an, um einen Text gut zu verstehen.	*Ich kenne unterschiedliche Lesestrategien und wende sie selbstständig an, z.B. mehrfaches Lesen, Markieren von wichtigen Stichworten, Fragen zum Text stellen. Ich kann den Text inhaltlich wiedergeben und mit anderen darüber reden.*
7	Ich kann ein Buch aussuchen, lesen und vorstellen.	*Ich suche mir selbstständig Bücher zum Lesen aus. Ich entwickle eine eigene Meinung zu einem Buch. Ich kann der Gruppe den Inhalt meines ausgewählten Buches sowie meine Meinung verständlich darlegen. Ich kann andere für ein Buch begeistern.*

Nr.	Kompetenz	Kriterien
	***Schreiben** — Texte verfassen und Rechtschreiben*	
8	Ich kann eine längere eigene Geschichte schreiben.	*Ich schreibe Erlebtes oder Erdachtes in Form einer Geschichte auf. Ich formuliere ausdrucksvoll und anschaulich.*
9	Ich kenne wichtige Rechtschreibstrategien und kann das Wörterbuch nutzen.	*Ich kann Übungswörter und eigene Texte richtig schreiben. Ich achte auf Regeln und nutze wichtige Rechtschreibstrategien (Mitsprechen, Ableiten, Einprägen). Ich benutze Rechtschreibhilfen, wie das Wörterbuch, wenn ich mir nicht sicher bin.*
	Sprache untersuchen	
10	Ich kann Wortarten unterscheiden.	*Ich kenne die unterschiedlichen Merkmale von Nomen, Verben und Adjektiven. Ich kann diese drei Wortarten in Texten unterscheiden. Ich schreibe Nomen groß, Verben und Adjektive klein.*
11	Ich kann Satzarten unterscheiden und Satzzeichen setzen.	*Ich kenne Aussage-, Aufforderungs- und Fragesatz. Ich weiß, wann welche Satzzeichen benutzt werden und setze diese sicher, z.B. Fragezeichen, Ausrufezeichen.*

Stufenblatt Deutsch
Stufe 5

Name: **Jahr:**

Nr.	Kompetenz	Schüler/in	Lehrer/in	Beweis
	Sprechen und Zuhören			
1	Ich kann ein Rollenspiel durchführen.			
2	Ich kann einen Text auf unterschiedliche Art und Weise präsentieren.			
	***Lesen** — mit Texten und Medien umgehen*			
3	Ich kann Textgattungen unterscheiden.			
4	Ich kenne Autorinnen und Autoren und lese Kinderliteratur.			
	***Schreiben** — Texte verfassen und Rechtschreiben*			
5	Ich kann nach eigenen Ideen Texte unterschiedlicher Gattungen schreiben.			
6	Ich kann eine Schreibkonferenz durchführen.			
7	Ich kann meine erlernten Schreibhandlungen weiterentwickeln und neue erarbeiten.			

Nr.	Kompetenz	Schüler/in	Lehrer/in	Beweis
	Sprache untersuchen			
8	Ich kann Zeitformen unterscheiden.			
9	Ich besitze Kenntnisse über den Satzbau und Satzglieder und kann diese anwenden.			
10	Ich kann Texte auf ihre sprachlichen Mittel untersuchen.			
11	Ich kenne die wörtliche Rede.			
12	Ich kann meine Kenntnisse über die Wortarten erweitern.			

Dieses Stufenblatt wurde am **erreicht.**

Unterschrift Lehrer / in: **Unterschrift Schüler / in:**

Kriterienblatt Deutsch
Stufe 5

Nr.	Kompetenz	Kriterien
	Sprechen und Zuhören	
1	Ich kann ein Rollenspiel durchführen.	*Ich kann im Rollenspiel verschiedene Perspektiven einnehmen. Ich achte darauf, dass die Sprache zu der Rolle und der Handlung passt.*
2	Ich kann einen Text auf unterschiedliche Art und Weise präsentieren.	*Ich kenne und nutze verschiedene Möglichkeiten, meinen Text zu gestalten und vor der Gruppe zu präsentieren.*
	***Lesen** — mit Texten und Medien umgehen*	
3	Ich kann Textgattungen unterscheiden.	*Ich kenne die Merkmale von Gedichten und Sachtexten und kann diese sicher voneinander unterscheiden.*
4	Ich kenne Autorinnen und Autoren und lese Kinderliteratur.	*Ich kenne verschiedene Kinderbuchautoren und ihre Werke. Ich kann individuell ausgewählte Texte von Kinderbuchautoren vorstellen.*
	***Schreiben** — Texte verfassen und Rechtschreiben*	
5	Ich kann nach eigenen Ideen Texte unterschiedlicher Gattungen schreiben.	*Ich schreibe Texte und entscheide dabei selbst über das Thema, die Textform und wann oder wie der Text verwendet werden soll.*
6	Ich kann eine Schreibkonferenz durchführen.	*Ich berate und überarbeite Textentwürfe. Ich kenne Überarbeitungshilfen und führe eine Schreibberatung durch.*
7	Ich kann meine erlernten Schreibhandlungen weiterentwickeln und neue erarbeiten.	*Ich kann einen Bericht, einen sachlichen Brief und eine Erzählung anfertigen.*

Nr.	Kompetenz	Kriterien
	Sprache untersuchen	
8	Ich kann Zeitformen unterscheiden.	*Ich kann die Zeitformen Futur II, Futur I, Präsens, Perfekt, Präteritum und Plusquamperfekt bilden und sicher unterscheiden.*
9	Ich besitze Kenntnisse über den Satzbau und Satzglieder und kann diese anwenden.	*Ich kann das Subjekt, das Prädikat und die Objekte in fremden Sätzen bestimmen. Ich kann die Adverbialbestimmung durchführen.*
10	Ich kann Texte auf ihre sprachlichen Mittel untersuchen.	*Ich kann erkennen, wie bestimmte Gefühle bzw. Stimmungen durch die Textgestaltung erzeugt und wiedergegeben werden können.*
11	Ich kenne die wörtliche Rede.	*Ich kann zwischen Rede- und Begleitsatz in einem Text unterscheiden. Ich kann die Satzzeichen (Doppelpunkt und Anführungsstriche) richtig setzen.*
12	Ich kann meine Kenntnisse über die Wortarten erweitern.	*Ich bin in der Lage flektierbare und nicht flektierbare Wortarten zu unterscheiden.*

Stufenblatt Mathematik
Stufe 1

Name: **Jahr:**

Nr.	Kompetenz	Schüler/in	Lehrer/in	Beweis
1	Ich kann Anzahlen von 1 – 10 erfassen.			
2	Ich kann Mengen bis 10 der Ziffernschreibweise zuordnen.			
3	Ich kann die Zahlenwortreihe bis 10 vorwärts und rückwärts aufsagen.			
4	Ich kann die Ziffern bis 10 schreiben.			
5	Ich kenne die Begriffe „die Hälfte" und „das Doppelte".			
6	Ich kenne Lagewörter und kann sie anwenden.			
7	Ich kann Formen und Muster erkennen, darstellen und fortsetzen.			

Dieses Stufenblatt wurde am **erreicht.**

Unterschrift Lehrer / in: **Unterschrift Schüler/in:**

Kriterienblatt Mathematik
Stufe 1

Nr.	Kompetenz	Kriterien
1	Ich kann Anzahlen von 1 – 10 erfassen.	*Ich kann Mengen bis 10 zählen. Ich verstehe den Zusammenhang zwischen Ziffer und Anzahl, z.B. hole mir bitte 7 Äpfel!*
2	Ich kann Mengen bis 10 der Ziffernschreibweise zuordnen.	*Ich verstehe den Zusammenhang zwischen Ziffer und Zahl. Ich kann das Zahlenbild mit der richtigen Anzahl kombinieren.*
3	Ich kann die Zahlenwortreihe bis 10 vorwärts und rückwärts aufsagen.	*Ich kann ohne Hilfe vorwärts und rückwärts sicher bis 10 zählen.*
4	Ich kann die Ziffern bis 10 schreiben.	*Ich kann die Ziffern in der richtigen Schreibrichtung schreiben.*
5	Ich kenne die Begriffe „die Hälfte" und „das Doppelte".	
6	Ich kenne Lagewörter und kann sie anwenden.	*Ich zeige die Begriffe „vorne", „hinten", „oben", „unten", „neben", „in" und „auf" mit Hilfe von Gegenständen. Ich orientiere mich im Raum und beschreibe dies.*
7	Ich kann Formen und Muster erkennen, darstellen und fortsetzen.	*Ich kann ein begonnenes Muster fortsetzen sowie eigene Muster legen.*

Stufenblatt Mathematik
Stufe 2

Name: **Jahr:**

Nr.	Kompetenz	Schüler/in	Lehrer/in	Beweis
1	Ich kenne die Begriffe „mehr als“, „weniger als“, „das meiste“ und „gleich viel“.			
2	Ich kenne Zeitbegriffe.			
3	Ich kann Zahlen bis 10 zerlegen.			
4	Ich kann Rechengeschichten lösen und erfinden.			
5	Ich kann im Zahlenraum bis 10 Plusaufgaben und Minusaufgaben rechnen.			
6	Ich kann die Zahlen bis 20 lesen und schreiben, vergleichen und ordnen.			
7	Ich kann geometrische Flächen benennen.			
8	Ich kann einfache Spiegelbilder zeichnen.			

Dieses Stufenblatt wurde am **erreicht.**

Unterschrift Lehrer / in: **Unterschrift Schüler/in:**

Kriterienblatt Mathematik
Stufe 2

Nr.	Kompetenz	Kriterien
1	Ich kenne die Begriffe „mehr als“, „weniger als“, „das meiste“ und „gleich viel“.	*Ich kann die Begriffe erklären. Ich kann mit Hilfe verschiedener Gegenstände zeigen, dass ich die Bedeutung der Begriffe verstanden habe.*
2	Ich kenne Zeitbegriffe.	*Ich kann die Begriffe „gestern“, „morgen“, „früher“ und „später“ richtig verwenden. Ich kann die Wochentage in richtiger Reihenfolge aufsagen.*
3	Ich kann Zahlen bis 10 zerlegen.	*Ich zerlege Mengen sicher bis 10.*
4	Ich kann Rechengeschichten lösen und erfinden.	*Ich erkenne aus Bildern und Geschichten Rechenaufgaben. Ich erfinde eigene Rechengeschichten.*
5	Ich kann im Zahlenraum bis 10 Plusaufgaben und Minusaufgaben rechnen.	*Ich nutze verschiedene Rechenwege und Rechenvorteile beim Lösen der Aufgaben.*
6	Ich kann die Zahlen bis 20 lesen und schreiben, vergleichen und ordnen.	*Ich zähle vorwärts und rückwärts bis 20 und setze Zahlenfolgen fort. Ich kann Mengen Zahlen zuordnen. Ich schreibe die Zahlen bis 20. Ich wende unterschiedliche Zählstrategien an.*
7	Ich kann geometrische Flächen benennen.	*Ich kenne die Flächen Quadrat, Rechteck, Dreieck und Kreis.*
8	Ich kann einfache Spiegelbilder zeichnen.	*Ich zeichne Spiegelbilder.*

Stufenblatt Mathematik
Stufe 3

Name: **Jahr:**

Nr.	Kompetenz	Schüler/in	Lehrer/in	Beweis
1	Ich kann Plusaufgaben bis 20 mit verschiedenen Rechenwegen rechnen.			
2	Ich kann Minusaufgaben bis 20 mit verschiedenen Rechenwegen rechnen.			
3	Ich kann gerade und ungerade Zahlen erkennen.			
4	Ich kann Zahlen bis 20 verdoppeln und/oder halbieren.			
5	Ich erkenne eine Rechenaufgabe in einer Sachaufgabe und schreibe sie als mathematische Gleichung auf und umgekehrt.			
6	Ich kenne die Begriffe Stunde, Minute und Sekunde.			
7	Ich kann volle Stunden ablesen und einstellen.			
8	Ich kann Euro und Cent erkennen und sie nach ihrem Wert unterscheiden.			

Dieses Stufenblatt wurde am **erreicht.**

Unterschrift Lehrer / in: **Unterschrift Schüler / in:**

Kriterienblatt Mathematik
Stufe 3

Nr.	Kompetenz	Kriterien
1	Ich kann Plusaufgaben bis 20 mit verschiedenen Rechenwegen rechnen.	*Ich kenne verschiedene Rechenwege für Plusaufgaben bis 20. Ich rechne Tausch- und Umkehraufgaben. Ich erkenne Aufgabenfamilien.*
2	Ich kann Minusaufgaben bis 20 mit verschiedenen Rechenwegen rechnen.	*Ich kenne verschiedene Rechenwege für Minusaufgaben bis 20. Ich rechne Tausch- und Umkehraufgaben. Ich erkenne Aufgabenfamilien.*
3	Ich kann gerade und ungerade Zahlen erkennen.	*Ich kenne die Begriffe „gerade" und „ungerade" und untersuche Ergebnisse.*
4	Ich kann Zahlen bis 20 verdoppeln und/oder halbieren.	*Ich verstehe die Begriffe „halbieren" und „verdoppeln", kann sie erklären und anwenden.*
5	Ich erkenne eine Rechenaufgabe in einer Sachaufgabe und schreibe sie als mathematische Gleichung auf und umgekehrt.	*Ich erkenne die Rechenaufgaben aus einer Sachaufgabe und kann sie lösen. Ich kann Rechengeschichten erfinden.*
6	Ich kenne die Begriffe Stunde, Minute und Sekunde.	*Ich kann erklären, was die Begriffe bedeuten.*
7	Ich kann volle Stunden ablesen und einstellen.	*Ich kenne die vollen Stunden und lese sie auf einer Uhr ab. Ich kann halbe und volle Stunden auf der analogen Uhr ablesen, einzeichnen und einstellen.*
8	Ich kann Euro und Cent erkennen und sie nach ihrem Wert unterscheiden.	*Ich kann Scheine und Münzen im Wert unterscheiden.*

Stufenblatt Mathematik
Stufe 4

Name: **Jahr:**

Nr.	Kompetenz	Schüler/in	Lehrer/in	Beweis
1	Ich kann die Zahlen bis 100 lesen, schreiben, ordnen, darstellen und vergleichen.			
2	Ich kann mit der Hundertertafel arbeiten.			
3	Ich kann mit Zehnerzahlen rechnen.			
4	Ich kann Plus- und Minusaufgaben bis 100 mit Einern ohne Zehnerübergang lösen.			
5	Ich kann Plus- und Minusaufgaben bis 100 mit Einern mit Zehnerübergang lösen.			
6	Ich kann gerade und ungerade Zahlen unterscheiden.			
7	Ich kann Zahlen bis 100 halbieren und verdoppeln.			
8	Ich kann mit dem Spiegel umgehen und Spiegelbilder erkennen.			
9	Ich kann geometrische Körper benennen und vergleichen.			
10	Ich kann geometrische Flächen zeichnen und verglei-chen.			

Dieses Stufenblatt wurde am **erreicht.**

Unterschrift Lehrer / in: **Unterschrift Schüler/in:**

Kriterienblatt Mathematik
Stufe 4

Nr.	Kompetenz	Kriterien
1	Ich kann die Zahlen bis 100 lesen, schreiben, ordnen, darstellen und vergleichen.	*Ich unterscheide Zehner und Einer. Ich zeige, benenne und schreibe Zahlen im Hunderterfeld auf. Ich setze Zahlenfolgen bis 100 fort. Ich orientiere mich an der Hunderterreihe und benenne die Vorgänger und Nachfolger einer Zahl. Ich ergänze Zahlen bis 100.*
2	Ich kann mit der Hundertertafel arbeiten.	*Ich stelle Rechenwege auf der Hundertertafel und auf dem Zahlenstrahl dar.*
3	Ich kann mit Zehnerzahlen rechnen.	*Ich kann Plus- und Minusaufgaben mit vollen Zehnerzahlen im Hunderterraum lösen.*
4	Ich kann Plus- und Minusaufgaben bis 100 mit Einern ohne Zehnerübergang lösen.	*Ich rechne Plus- und Minusaufgaben mit Einern ohne Zehnerübergang.*
5	Ich kann Plus- und Minusaufgaben bis 100 mit Einern mit Zehnerübergang lösen.	*Ich rechne Plus- und Minusaufgaben mit Einern mit Zehnerübergang.*
6	Ich kann gerade und ungerade Zahlen unterscheiden.	*Ich bestimme gerade und ungerade Zahlen an ihren Merkmalen.*
7	Ich kann Zahlen bis 100 halbieren und verdoppeln.	*Ich kann Zahlen bis 100 halbieren und verdoppeln.*
8	Ich kann mit dem Spiegel umgehen und Spiegelbilder erkennen.	*Ich arbeite mit dem Spiegel und erkenne Spiegelbilder.*
9	Ich kann geometrische Körper benennen und vergleichen.	*Ich kenne die Körper Kugel, Pyramide, Würfel und Quader und unterscheide sie.*
10	Ich kann geometrische Flächen zeichnen und vergleichen.	*Ich kenne die Flächen Kreis, Dreieck, Quadrat und Rechteck. Ich erkenne, benenne und beschreibe die Merkmale von Flächen. Ich zeichne geometrische Flächen mit Hilfsmitteln (Lineal, Dreieck).*

Stufenblatt Mathematik
Stufe 5

Name: **Jahr:**

Nr.	Kompetenz	Schüler/in	Lehrer/in	Beweis
1	Ich kenne das kleine 1 x 1.			
2	Ich kenne das kleine 1 : 1.			
3	Ich kann Plusaufgaben mit Zehnern und Einern mit Zehnerübergang lösen.			
4	Ich kann Minusaufgaben mit Zehnern und Einern mit Zehnerübergang lösen.			
5	Ich kann geometrische Körper beschreiben, voneinander unterscheiden und bauen.			
6	Ich kann mit Euro und Cent rechnen.			
7	Ich kann mit Uhrzeiten umgehen und Stunden und Minuten ablesen sowie den Tageszeiten zuordnen.			
8	Ich kann mit Längen umgehen und kenne die Maßeinheiten Meter und Zentimeter.			
9	Ich kann Rechenaufgaben in Sachaufgaben erkennen und lösen.			
10	Ich kann mathematische Methoden anwenden und Rechenwege darstellen, beschreiben und begründen.			

Dieses Stufenblatt wurde am **erreicht.**

Unterschrift Lehrer / in: **Unterschrift Schüler/in:**

Kriterienblatt Mathematik
Stufe 5

Nr.	Kompetenz	Kriterien
1	Ich kenne das kleine 1 x 1.	*Ich erkenne „mal“ als verkürzte Sprechweise der Multiplikation. Ich orientiere mich auf der 1 x 1-Tafel und dem 1 x 1-Plan. Ich erschließe die 1 x 1-Reihen.*
2	Ich kenne das kleine 1 : 1.	*Ich verteile Mengen gerecht. Ich erschließe die 1 : 1-Reihen. Ich nutze die Umkehraufgabe der Multiplikation als Probe.*
3	Ich kann Plusaufgaben mit Zehnern und Einern mit Zehnerübergang lösen.	*Ich rechne Plusaufgaben mit Zehnern und Einern mit Zehnerübergang. Ich wende Rechenstrategien an. Ich erfinde Rechengeschichten. Ich erkenne Rechenvorteile und wende sie an. Ich erkenne Additionsaufgaben im Zahlenraum bis 100 in Sachsituationen. Ich erkenne Aufgabenfamilien.*
4	Ich kann Minusaufgaben mit Zehnern und Einern mit Zehnerübergang lösen.	*Ich rechne Minusaufgaben mit Zehnern und Einern mit Zehnerübergang. Ich wende Rechenstrategien an. Ich erfinde Rechengeschichten. Ich erkenne Rechenvorteile und wende sie an. Ich erkenne Subtraktionsaufgaben im Zahlenraum bis 100 in Sachsituationen. Ich erkenne Aufgabenfamilien.*
5	Ich kann geometrische Körper beschreiben, voneinander unterscheiden und bauen.	*Ich beschreibe den Begriff „Körper“. Ich unterscheide die Merkmale von Würfel, Quader, Kugel und Zylinder. Ich grenze Körper von Flächen ab. Ich kenne die Begriffe „Ecke“, „Kante“ und „Fläche“. Ich baue Modelle von Körpern.*
6	Ich kann mit Euro und Cent rechnen.	*Ich rechne mit Euro und Cent.*
7	Ich kann mit Uhrzeiten umgehen und Stunden und Minuten ablesen sowie den Tageszeiten zuordnen.	*Ich kann die Uhrzeit genau ablesen. Ich kenne die Begriffe „viertel“, „halb“, „dreiviertel“. Ich kann Vormittags- und Nachmittags-stunden unterscheiden.*
8	Ich kann mit Längen umgehen und kenne die Maßeinheiten Meter und Zentimeter.	*Ich kenne die Maßeinheiten Meter, Zentimeter und Millimeter. Ich kenne den Unterschied zwischen einer Geraden und einer Strecke. Ich kann eine Strecke exakt messen und zeichnen.*
9	Ich kann Rechenaufgaben in Sachaufgaben erkennen und lösen.	*Ich erkenne die Rechenaufgaben aus einer Sachaufgabe und schreibe sie als mathematische Gleichung auf und umgekehrt. Ich finde zu einem Sachverhalt die passende Frage. Ich finde Lösungswege und kann eine Antwort formulieren.*
10	Ich kann mathematische Methoden anwenden und Rechenwege darstellen, beschreiben und begründen.	*Ich schätze Ergebnisse ab. Ich kontrolliere meine Rechenwege und Ergebnisse selbst. Ich nutze Tabellen und Diagramme zur Darstellung. Ich erkläre und nutze Rechenvorteile. Ich erkläre und zeige Rechenwege auf der Hundertertafel. Ich löse einfache kombinatorische Probleme (Strichliste / Diagramme).*

Stufenblatt Mathematik
Stufe 6

Name: **Jahr:**

Nr.	Kompetenz	Schüler/in	Lehrer/in	Beweis
1	Ich kann die Zahlen bis 1000 lesen, schreiben, ordnen, darstellen und vergleichen.			
2	Ich kann im Zahlenraum bis 1000 addieren und subtrahieren.			
3	Ich kenne das kleine 1 x 1.			
4	Ich kenne das kleine 1 : 1.			
5	Ich kann das kleine 1 x 1 und 1 : 1 herleiten.			
6	Ich kann Rechenaufgaben in Sachaufgaben erkennen und lösen.			
7	Ich stelle Beziehungen zwischen Figuren fest und beschreibe sie.			
8	Ich kann mit Uhrzeiten umgehen.			
9	Ich kann mit Geld umgehen.			
10	Ich kann mit Längen umgehen.			
11	Ich kann mit Maßeinheiten von Hohlmaßen und Gewichten umgehen.			

Dieses Stufenblatt wurde am **erreicht.**

Unterschrift Lehrer / in: **Unterschrift Schüler/in:**

Kriterienblatt Mathematik
Stufe 6

Nr.	Kompetenz	Kriterien
1	Ich kann die Zahlen bis 1000 lesen, schreiben, ordnen, darstellen und vergleichen.	*Ich arbeite mit Tausenderfeld, Tausenderbuch und dem Zahlenstrahl. Ich erstelle Stellenwerttabellen und löse einfache Aufgaben.*
2	Ich kann im Zahlenraum bis 1000 addieren und subtrahieren.	*Ich entwickle Strategien, damit ich mit großen Zahlen rechnen kann. Ich rechne Tauschaufgaben. Ich erkenne Aufgaben in Sachsituationen und erfinde Rechengeschichten.*
3	Ich kenne das kleine 1 x 1.	*Ich trainiere das kleine 1 x 1 und wende es an.*
4	Ich kenne das kleine 1 : 1.	*Ich trainiere das kleine 1 : 1 und wende es an. Ich teile Aufgaben mit Rest.*
5	Ich kann das kleine 1 x 1 und 1 : 1 herleiten.	*Ich leite schwierige Aufgaben von mir bekannten Aufgaben her (Kernaufgaben).*
6	Ich kann Rechenaufgaben in Sachaufgaben erkennen und lösen.	*Ich erkenne die Rechenaufgaben aus einer Sachaufgabe und schreibe sie als mathematische Gleichung auf und umgekehrt. Ich finde zu einem Sachverhalt die passende Frage. Ich finde Lösungswege und kann eine Antwort formulieren.*
7	Ich stelle Beziehungen zwischen Figuren fest und beschreibe sie.	*Ich erkenne Figuren, die spiegelsymmetrisch sind, zeichne Symmetrieachsen und ergänze Vorgaben zu symmetrischen Figuren.*
8	Ich kann mit Uhrzeiten umgehen.	*Ich kenne Minuten und Sekunden als Zeiteinheiten und kann sie ablesen. Ich kann den genauen Zeitpunkt und die Zeitdauer bestimmen.*
9	Ich kann mit Geld umgehen.	*Ich rechne sicher mit Euro und Cent. Ich errechne Geldbeträge und nutze dabei geschickt Rechenwege.*
10	Ich kann mit Längen umgehen.	*Ich kenne die Maßeinheiten Kilometer, Meter, Zentimeter und Millimeter und kann sie voneinander unterscheiden. Ich messe Längen und stelle sie dar. Ich kann mit einfachen Längenangaben rechnen.*
11	Ich kann mit Maßeinheiten von Hohlmaßen und Gewichten umgehen.	*Ich kenne Kilogramm und Gramm. Ich wiege mit verschiedenen Hilfsmitteln Alltagsgegenstände aus und setze diese in Beziehung.*

Stufenblatt Sachunterricht
Stufe 1

Name: **Jahr:**

Nr.	Kompetenz	Schüler/in	Lehrer/in	Beweis
	Sich selbst wahrnehmen			
1	Ich kann mich selbst mit meinen Besonderheiten beschreiben.			
2	Ich kann erläutern, wie ich meinen Körper gesund halten kann.			
3	Ich kann beschreiben, wozu meine Sinne da sind.			
4	Ich kann Gemeinsamkeiten und Unterschiede von Jungen und Mädchen erklären.			
	Zusammen leben			
5	Ich kann Regeln für das Zusammenleben entwickeln und einhalten.			
6	Ich kann Formen des Zusammenlebens bei uns und bei Anderen vergleichen.			
7	Ich kann erläutern, worauf es beim Kaufen von Dingen ankommt.			
8	Ich weiß, dass es unterschiedliche Kulturen gibt.			

Nr.	Kompetenz	Schüler/in	Lehrer/in	Beweis
	Naturphänomene verstehen			
9	Ich kann mehrere Tiere anhand ihrer Merkmale und ihrer Lebensweise beschreiben.			
10	Ich kann mehrere Pflanzen anhand ihrer Merkmale und Lebensbedingungen beschreiben.			
11	Ich kann das Wetter beobachten und beschreiben.			
12	Ich kenne wichtige Eigenschaften und die Bedeutung des Wassers für unser Leben.			
13	Ich kenne wichtige Eigenschaften des Feuers und weiß um den sicheren Umgang damit.			
14	Ich kann einfache Geräusch-Experimente durchführen.			
15	Ich kann einfache Licht-Experimente durchführen.			
16	Ich kann Experimente mit Magnetismus durchführen.			
	Sich orientieren			
17	Ich kann mich in der Schule und im Schulumfeld orientieren.			
18	Ich kann mich sicher im Straßenverkehr bewegen.			

Nr.	Kompetenz	Schüler/in	Lehrer/in	Beweis
	Zeit und Geschichte verstehen			
19	Ich weiß, wie sich Pflanzen und Tiere mit der Zeit verändern.			
20	Ich kenne wichtige Begriffe der Zeiteinteilung.			
21	Ich weiß, wie ich mich mit der Zeit verändere.			
22	Ich kann über früher und heute im Vergleich berichten.			
	Technik begreifen			
23	Ich kann stabile Konstruktionen herstellen.			
24	Ich kann mit Strom experimentieren.			
25	Ich kann Anleitungen nutzen, um etwas herzustellen.			
26	Ich kenne wichtige Werkzeuge.			
	Medien nutzen			
27	Ich kann Medien verwenden, bewerten und produzieren.			
28	Ich kann mit dem Computer umgehen.			

Dieses Stufenblatt wurde am **erreicht.**

Unterschrift Lehrer / in: **Unterschrift Schüler/in:**

Kriterienblatt Sachunterricht
Stufe 1

Nr.	Kompetenz	Kriterien
	Sich selbst wahrnehmen	
1	Ich kann mich selbst mit meinen Besonderheiten beschreiben.	*Ich kann in einem Steckbrief wesentliche meiner Eigenschaften benennen.*
2	Ich kann erläutern, wie ich meinen Körper gesund halten kann.	*Ich weiß, wozu Zahnpflege, Körperhygiene, gesunde Ernährung und Bewegung dienen und wie man sich vor Erkältungen schützt.*
3	Ich kann beschreiben, wozu meine Sinne da sind.	*Ich weiß, wie die Sinne heißen und was man damit wahrnimmt.*
4	Ich kann Gemeinsamkeiten und Unterschiede von Jungen und Mädchen erklären.	*Ich kann körperliche Unterschiede und Gemeinsamkeiten benennen. Ich kann das Verhalten von Jungen und Mädchen vergleichend beschreiben.*
	Zusammen leben	
5	Ich kann Regeln für das Zusammenleben entwickeln und einhalten.	*Ich kenne Rechte und Pflichten in Familie, Klasse, Schule. Ich kann für unsere Gruppe geeignete Regeln erfinden. Im Konfliktfall kann ich damit zur Klärung beitragen.*
6	Ich kann Formen des Zusammenlebens bei uns und bei Anderen vergleichen.	*Ich kenne Unterschiede in Bezug auf Wohnen, Spielen und Arbeiten in meiner und anderen Kulturen. Ich weiß, dass es unterschiedliche Formen des Zusammenlebens in Familien gibt.*
7	Ich kann erläutern, worauf es beim Kaufen von Dingen ankommt.	*Ich weiß, warum man sich nicht alle Kaufwünsche erfüllen kann. Ich weiß, wie man einen Einkauf realisiert. Ich habe darüber nachgedacht, wie man verantwortungsvoll mit Geld umgeht.*
8	Ich weiß, dass es unterschiedliche Kulturen gibt.	*Ich weiß, dass sich Menschengruppen in Bezug auf Nahrung, Kleidung, Rituale unterscheiden. Ich respektiere diese Unterschiede.*

Nr.	Kompetenz	Kriterien
	Naturphänomene verstehen	
9	Ich kann mehrere Tiere anhand ihrer Merkmale und ihrer Lebensweise beschreiben.	*Ich kann beschreiben, was für mir bekannte Tiere typisch ist. Ich kann beschreiben, was Tiere brauchen, um gut zu leben.*
10	Ich kann mehrere Pflanzen anhand ihrer Merkmale und Lebensbedingungen beschreiben.	*Ich kenne mehrere Pflanzen mit Namen. Ich weiß, wie diese aufgebaut sind. Ich weiß, welche Lebensbedingungen sie brauchen und kann sie verantwortlich pflegen.*
11	Ich kann das Wetter beobachten und beschreiben.	*Ich kann mit einer Wettertabelle den Verlauf des Wetters festhalten. Ich kann die Temperatur messen.*
12	Ich kenne wichtige Eigenschaften und die Bedeutung des Wassers für unser Leben.	*Ich weiß, wozu Menschen, Tiere und Pflanzen Wasser brauchen. Ich weiß, wie man schonend damit umgeht. Ich habe mit Wasser Experimente durchgeführt.*
13	Ich kenne wichtige Eigenschaften des Feuers und weiß um den sicheren Umgang damit.	*Ich kann berichten, welche Bedeutung Feuer für die Menschheit hat. Ich weiß, wie man sich bei offenem Feuer verhält.*
14	Ich kann einfache Geräusch-Experimente durchführen.	*Ich kann mit unterschiedlichen Materialien Geräusche erzeugen.*
15	Ich kann einfache Licht-Experimente durchführen.	*Ich kann Experimente mit Licht und Schatten, mit transparenten und nicht transparenten Körpern durchführen. Ich weiß, wie sich Farben unter Lichteinfluss verändern.*
16	Ich kann Experimente mit Magnetismus durchführen.	*Ich kenne magnetische und nicht magnetische Materialien.*
	Sich orientieren	
17	Ich kann mich in der Schule und im Schulumfeld orientieren.	*Ich kenne wichtige Räume der Schule. Ich kenne wichtige Personen in der Schule und ihre Aufgaben. Ich kenne wichtige Orte um die Schule herum. Ich kann vorhandene Orientierungshilfen nutzen, um mich in der Schule und im Umfeld zurechtzufinden.*
18	Ich kann mich sicher im Straßenverkehr bewegen.	*Ich kenne Regeln für das Verhalten als Fußgänger und Benutzer von Bus und Bahn und setze diese sicher um.*

Nr.	Kompetenz	Kriterien
	Zeit und Geschichte verstehen	
19	Ich weiß, wie sich Pflanzen und Tiere mit der Zeit verändern.	*Ich kann Veränderungen von Pflanzen und Tieren im Verlauf der Jahreszeiten beobachten und beschreiben.*
20	Ich kenne wichtige Begriffe der Zeiteinteilung.	*Ich kenne Einteilungen wie Tage, Wochen, Monate. Ich kann einen Kalender nutzen. Ich kann mir meine Zeit für Arbeiten einteilen, etwa mit Wochenplänen.*
21	Ich weiß, wie ich mich mit der Zeit verändere.	*Ich kann wichtige eigene Veränderungen von der Geburt bis heute beschreiben.*
22	Ich kann über früher und heute im Vergleich berichten.	*Ich kann längere Zeitabschnitte mit Zeitleisten erfassen. Ich kann über das Leben von früher etwas berichten.*
	Technik begreifen	
23	Ich kann stabile Konstruktionen herstellen.	*Ich kann durch Umformen von Papier, Pappe etc. stabile Konstruktionen herstellen.*
24	Ich kann mit Strom experimentieren.	*Ich kann einen einfachen Stromkreis herstellen.*
25	Ich kann Anleitungen nutzen, um etwas herzustellen.	*Ich kann Lebensmittel nach Rezept zubereiten. Ich kann nach einer Bauanleitung bauen.*
26	Ich kenne wichtige Werkzeuge.	*Ich weiß, wie man mit Werkzeugen wie Schere, Schraubendreher, Messer umgeht.*
	Medien nutzen	
27	Ich kann Medien verwenden, bewerten und produzieren.	*Ich weiß, warum man Fernsehen und Computer maßvoll nutzen sollte. Ich kann Fotografie oder Film nutzen, um etwas herzustellen.*
28	Ich kann mit dem Computer umgehen.	*Ich kann Computer bedienen. Ich kann mit Schreib- und Malprogrammen arbeiten. Ich kann im Internet über eine Suchmaschine Informationen einholen.*

Stufenblatt Sachunterricht
Stufe 2

Name: **Jahr:**

Nr.	Kompetenz	Schüler/in	Lehrer/in	Beweis
	Sich selbst wahrnehmen			
1	Ich kann erläutern, wie ich durch meine Lebensweise meinen Körper gesund halten kann.			
2	Ich kenne wichtige Maßnahmen der „Ersten Hilfe".			
3	Ich kann beschreiben, wie ein Mensch entsteht und sich entwickelt.			
4	Ich kann mich mit Geschlechterrollen auseinandersetzen.			
	Zusammen leben			
5	Ich kann mich an demokratischen Entscheidungen in der Schule beteiligen.			
6	Ich kann Streit schlichten und mich gegen Ausgrenzung wehren.			
7	Ich kenne die Kinderrechte.			
8	Ich weiß, wie man sich als verantwortungsvoller Konsument verhält.			
9	Ich kann beschreiben, warum Fremde oft ausgegrenzt werden.			

Nr.	Kompetenz	Schüler/in	Lehrer/in	Beweis
	Naturphänomene verstehen			
10	Ich weiß, wie Tiere angepasst an ihren Lebensraum leben.			
11	Ich weiß, wie sich Pflanzen abhängig von Lebensbedingungen entwickeln.			
12	Ich kann das Wetter mit Messinstrumenten beobachten und beschreiben.			
13	Ich weiß, wie Trinkwasser gewonnen wird.			
14	Ich weiß, wie Feuer entsteht und wie es gelöscht wird.			
15	Ich kann Experimente zur Schallausbreitung durchführen.			
16	Ich kann optische Experimente durchführen.			
17	Ich kann im Experiment die Magnetkraft untersuchen.			
	Sich orientieren			
18	Ich kann mich mit Karten und Kompass orientieren.			
19	Ich kann Merkmale unterschiedlicher Lebensräume beschreiben.			
20	Ich kann mich als Radfahrer sicher im Straßenverkehr bewegen.			

Nr.	Kompetenz	Schüler/in	Lehrer/in	Beweis
	Zeit und Geschichte verstehen			
21	Ich weiß, welche Lebenszyklen Lebewesen durchleben.			
22	Ich kann die Jahreszeiten erklären.			
23	Ich kenne Begriffe für längere Zeiteinheiten.			
24	Ich kann Zeit messen.			
25	Ich kann die Lebensbedingungen zu verschiedenen Zeiten vergleichen.			
26	Ich kann Geschichte untersuchen und dokumentieren.			

Nr.	Kompetenz	Schüler/in	Lehrer/in	Beweis
	Technik begreifen			
27	Ich kann stabile Konstruktionen herstellen.			
28	Ich kann Strom im Experiment zum Erzeugen verschiedener Erscheinungen nutzen.			
29	Ich kann technische Geräte auf ihren Aufbau untersuchen.			
30	Ich kenne unterschiedliche Formen der Energieumsetzung.			
31	Ich kenne unterschiedliche Formen der Kraftübertragung.			
32	Ich kenne Herstellungsverfahren wichtiger Dinge des Alltags.			
33	Ich kann sicher mit Werkzeugen umgehen.			
	Medien nutzen			
34	Ich kann Medien begründet auswählen und nutzen.			
35	Ich kann mit dem Computer arbeiten.			

Dieses Stufenblatt wurde am **erreicht.**

Unterschrift Lehrer / in: **Unterschrift Schüler/in:**

Kriterienblatt Sachunterricht
Stufe 2

Nr.	Kompetenz	Kriterien
	Sich selbst wahrnehmen	
1	Ich kann erläutern, wie ich durch meine Lebensweise meinen Körper gesund halten kann.	*Ich kann erklären, wieso Fehlernährung, Drogenmissbrauch und Bewegungsmangel meinem Körper schaden. Ich kann etwas über ausgewogene Ernährung berichten.*
2	Ich kenne wichtige Maßnahmen der „Ersten Hilfe“.	*Ich weiß, wie man sich bei einem Unfall verhält, wen man zu Hilfe holen kann und wie man dem Verletzten hilft.*
3	Ich kann beschreiben, wie ein Mensch entsteht und sich entwickelt.	*Ich kann Zeugung, Schwangerschaft und Geburt beschreiben. Ich weiß, wie sich Menschen in der Pubertät verändern.*
4	Ich kann mich mit Geschlechterrollen auseinandersetzen.	*Ich kann darüber erzählen, welche Unterschiede im Verhalten es zwischen Jungen und Mädchen gibt und welche nicht. Ich weiß etwas über verschiedene Lebensweisen zu berichten.*
	Zusammen leben	
5	Ich kann mich an demokratischen Entscheidungen in der Schule beteiligen.	*Ich kenne Mitwirkungsgremien der Schule wie Klassenrat, Klassensprecher, Schulparlament.*
6	Ich kann Streit schlichten und mich gegen Ausgrenzung wehren.	*Ich kenne Techniken der Streitschlichtung. Ich kann berichten, wie Ausgrenzung entsteht und was man dagegen tun kann.*
7	Ich kenne die Kinderrechte.	*Ich kenne die Kinderrechtskonvention. Ich kenne Beispiele, wo die Kinderrechte verletzt werden.*
8	Ich weiß, wie man sich als verantwortungsvoller Konsument verhält.	*Ich weiß, wie Werbung und Gruppendruck meine Kaufentscheidung beeinflussen können. Ich weiß, dass es Produkte gibt, die man nicht kaufen sollte.*
9	Ich kann beschreiben, warum Fremde oft ausgegrenzt werden.	*Ich kann kulturelle Vielfalt als persönliche Bereicherung begreifen. Ich weiß, wie Klischees und Vorurteile gegen andere Kulturen entstehen und kann dagegen argumentieren.*

Nr.	Kompetenz	Kriterien
	Naturphänomene verstehen	
10	Ich weiß, wie Tiere angepasst an ihren Lebensraum leben.	*Ich kenne unterschiedliche Lebensräume und entsprechende Tiere. Ich weiß, was „artgerechte Haltung" ist.*
11	Ich weiß, wie sich Pflanzen abhängig von Lebensbedingungen entwickeln.	*Ich kenne unterschiedliche Pflanzenarten und wichtige Merkmale. Ich weiß, wie sich Pflanzen fortpflanzen. Ich weiß, welche Umweltfaktoren Pflanzen schaden und nützen. Ich weiß, wie ein Biotop funktioniert.*
12	Ich kann das Wetter mit Messinstrumenten beobachten und beschreiben.	*Ich kann Geräte zum Messen von Niederschlag und Wind herstellen. Ich kann Wetterberichte interpretieren.*
13	Ich weiß, wie Trinkwasser gewonnen wird.	*Ich kann Wasser filtern. Ich weiß, wie Wasserwerk und Klärwerk arbeiten. Ich weiß, welche Bedeutung sauberes Wasser in unterschiedlichen Ländern spielt.*
14	Ich weiß, wie Feuer entsteht und wie es gelöscht wird.	*Ich kann Feuer löschen. Ich kenne Methoden, mit denen die Feuerwehr Brände bekämpft. Ich kann etwas über Brandschutzmaßnahmen berichten.*
15	Ich kann Experimente zur Schallausbreitung durchführen.	*Ich kann mit unterschiedlichen Materialien Schall verstärken und durch Körper hindurch leiten. Ich weiß, was Schallschutz ist.*
16	Ich kann optische Experimente durchführen.	*Ich kann Experimente mit Spiegelungen durchführen. Ich kann optische Täuschungen erproben und beschreiben.*
17	Ich kann im Experiment die Magnetkraft untersuchen.	*Ich kenne stärkere und schwächere Magneten. Ich kann einen Magnetkompass bauen.*
	Sich orientieren	
18	Ich kann mich mit Karten und Kompass orientieren.	*Ich kenne die Himmelsrichtungen. Ich weiß, wie auf Karten bestimmte Oberflächenformen dargestellt werden. Ich kann Gelände aufgrund von Karten wieder erkennen.*
19	Ich kann Merkmale unterschiedlicher Lebensräume beschreiben.	*Ich kann Wohnformen und Infrastruktur in Bezug auf Stadt oder Land unterscheidend beschreiben. Ich kann erläutern, warum Menschen aufgrund unterschiedlicher Lebensbedingungen ihren Lebensraum wechseln.*
20	Ich kann mich als Radfahrer sicher im Straßenverkehr bewegen.	*Ich kenne Verkehrsregeln für Radfahrer und setze diese in entsprechenden Situationen sicher um.*

Nr.	Kompetenz	Kriterien
	Zeit und Geschichte verstehen	
21	Ich weiß, welche Lebenszyklen Lebewesen durchleben.	*Ich kann Veränderungen im Leben von Menschen, Pflanzen und Tieren beobachten und beschreiben.*
22	Ich kann die Jahreszeiten erklären.	*Ich kenne den Tagbogen der Sonne und die Mondphasen. Ich weiß, dass sich die Tageslänge im Zusammenhang mit der Jahreszeit verändert.*
23	Ich kenne Begriffe für längere Zeiteinheiten.	*Ich kann Zeitbegriffe wie Vergangenheit, Gegenwart, Zukunft, Jahrzehnt, Jahrhundert, Moment, Frist, Limit, Intervall erläutern.*
24	Ich kann Zeit messen.	*Ich kann mit der Uhr Zeit messen. Ich kann eine einfache Uhr (Sanduhr, Sonnenuhr, Wasseruhr) bauen.*
25	Ich kann die Lebensbedingungen zu verschiedenen Zeiten vergleichen.	*Ich kann das Alltagsleben von heute mit dem der Eltern und Großeltern vergleichen und Unterschiede benennen. Ich weiß, wie bedeutende Erfindungen die Lebensbedingungen der Menschen verändert haben.*
26	Ich kann Geschichte untersuchen und dokumentieren.	*Ich kenne Zeugnisse der Vergangenheit (Gebäude, Gegenstände, Aussagen von Zeitzeugen) und kann sie zeitlich einordnen.*

Nr.	Kompetenz	Kriterien
	Technik begreifen	
27	Ich kann stabile Konstruktionen herstellen.	*Ich kann stabile Konstruktionen von Türmen, Brücken, Tragwerken erklären und nachbauen.*
28	Ich kann Strom im Experiment zum Erzeugen verschiedener Erscheinungen nutzen.	*Ich kann im Experiment nachvollziehen, wie Strom Licht, Wärme, Magnetismus und Bewegung erzeugt werden können. Ich kann Stromkreise zeichnen.*
29	Ich kann technische Geräte auf ihren Aufbau untersuchen.	*Ich kann technische Produkte demontieren, um ihren Aufbau zu ergründen. Ich kann erklären, wie das Gerät funktioniert.*
30	Ich kenne unterschiedliche Formen der Energieumsetzung.	*Ich weiß, wie Wasserrad, Drachen und Windrad Kräfte der Natur nutzen.*
31	Ich kenne unterschiedliche Formen der Kraftübertragung.	*Ich kenne Kettenantrieb und Zahnradgetriebe.*
32	Ich kenne Herstellungsverfahren wichtiger Dinge des Alltags.	*Ich kann beschreiben, wie wichtige Lebensmittel hergestellt werden. Ich kann beschreiben, wie wichtige Gebrauchsgegenstände hergestellt werden.*
33	Ich kann sicher mit Werkzeugen umgehen.	*Ich kenne Hammer, Zangen, Raspel, Sägen, Schraubzwingen, Bohrer und kann diese sicher und sachgerecht einsetzen.*
	Medien nutzen	
34	Ich kann Medien begründet auswählen und nutzen.	*Ich weiß, welche Medien zur Unterhaltung, zur Information und zur Kommunikation dienen. Ich kann damit maßvoll umgehen. Ich kann Fotografie, Film und Aufnahmegeräte nutzen, um etwas herzustellen.*
35	Ich kann mit dem Computer arbeiten.	*Ich kann über eine Suchmaschine zielgerichtet Informationen einholen, die ich benötige. Ich kann mithilfe geeigneter Programme Inhalte aufbereiten, gestalten und präsentieren.*

Stufenblatt Bildende Kunst
Stufe 1

Name: **Jahr:**

Nr.	Kompetenz	Schüler/in	Lehrer/in	Beweis
1	Ich kenne die Grundfarben und Mischfarben.			
2	Ich kenne mehrere Techniken, um Farbe aufzutragen.			
3	Ich kenne ein Zufallsverfahren.			
4	Ich kann einen Materialdruck herstellen.			
5	Ich kann beim Konstruieren, Bauen und Formen eine eigene Idee umsetzen.			
6	Ich kann meine Arbeit den anderen Kindern vorstellen und erste Begründungen für die Materialwahl finden.			
7	Ich kenne einen Künstler und ein Kunstwerk.			

Dieses Stufenblatt wurde am **erreicht.**

Unterschrift Lehrer / in: **Unterschrift Schüler/in:**

Kriterienblatt Bildende Kunst
Stufe 1

Nr.	Kompetenz	Kriterien
1	Ich kenne die Grundfarben und Mischfarben.	*Ich benenne die Farben und kann selbstständig andere Farben ermischen.*
2	Ich kenne mehrere Techniken, um Farbe aufzutragen.	*Ich kann mit dünnen und breiten Pinseln, mit Schwamm und Spachtel malen.*
3	Ich kenne ein Zufallsverfahren.	*Ich nenne ein Zufallsverfahren mit Namen und wende dieses richtig an.*
4	Ich kann einen Materialdruck herstellen.	*Ich suche unterschiedliche Materialien. Diese füge ich zu einem Druckträger zusammen und drucke.*
5	Ich kann beim Konstruieren, Bauen und Formen eine eigene Idee umsetzen.	*Ich kann verschiedene einfache Arbeitsabläufe bewusst einsetzen und vorher eine Skizze anfertigen. Ich kenne einfache Techniken beim Bauen und wende diese geschickt an.*
6	Ich kann meine Arbeit den anderen Kindern vorstellen und erste Begründungen für die Materialwahl finden.	*Ich stelle mündlich mein Bild / Objekt vor.* *Ich begründe, warum ich das Material verwendet habe.*
7	Ich kenne einen Künstler und ein Kunstwerk.	*Ich entdecke ein Kunstwerk / einen Künstler und erzähle darüber.*

Stufenblatt Bildende Kunst
Stufe 2

Name: **Jahr:**

Nr.	Kompetenz	Schüler/in	Lehrer/in	Beweis
1	Ich kenne den sechsteiligen Farbkreis.			
2	Ich kenne die Eigenschaften und die Wirkung von Farben.			
3	Ich kann einen mehrfarbigen Materialdruck herstellen.			
4	Ich kann grafische Ausdrucksmittel für meine Bildgestaltung einsetzen.			
5	Ich kann meine Arbeiten den anderen Kindern vorstellen und meine Technik zur Bildgestaltung begründen.			
6	Ich kenne verschiedene Künstler und kann über ein Kunstwerk berichten.			

Dieses Stufenblatt wurde am **erreicht.**

Unterschrift Lehrer / in: **Unterschrift Schüler/in:**

Kriterienblatt Bildende Kunst
Stufe 2

Nr.	Kompetenz	Kriterien
1	Ich kenne den sechsteiligen Farbkreis.	*Ich gestalte einen Farbkreis mit unterschiedlichen Materialien wie z.B. Farbkarten, farbigen Steinen oder farbigem Papier.*
2	Ich kenne die Eigenschaften und die Wirkung von Farben.	*Ich benenne, welche Wirkung Farben auf mich haben. Ich wende diese Wirkung für meine Bildgestaltung an.*
3	Ich kann einen mehrfarbigen Materialdruck herstellen.	*Ich festige meine Kenntnisse zu dem Materialdruck. Ich drucke den Druckträger in verschiedenen Farben ab und beschreibe die Arbeitsabläufe.*
4	Ich kann grafische Ausdrucksmittel für meine Bildgestaltung einsetzen.	*Ich setze bewusst Linien und Kritzel für die Bildgestaltung unterschiedlich ein, z.B. hell-dunkel, dick-dünn. Ich kann Arbeitsmittel mit Namen benennen (Kohle, Kreide, Tusche).*
5	Ich kann meine Arbeiten den anderen Kindern vorstellen und meine Technik zur Bildgestaltung begründen.	*Ich erläutere die Ausdrucksfähigkeit der Technik und begründe die gezielte Anwendung.*
6	Ich kenne verschiedene Künstler und kann über ein Kunstwerk berichten.	*Ich benenne die Künstler und berichte etwas aus deren Leben und zu den Kunstwerken.*

Stufenblatt Bildende Kunst
Stufe 3

Name: **Jahr:**

Nr.	Kompetenz	Schüler/in	Lehrer/in	Beweis
1	Ich kenne den zwölfteiligen Farbkreis und kann mein Wissen über die Farben bewusst für die Bildgestaltung nutzen.			
2	Ich kann zwischen Hoch- und Tiefdrucktechniken unterscheiden und kann die Arbeitsabläufe erläutern.			
3	Ich kenne verschiedene grafische Mittel und kann diese bewusst zur Bildgestaltung anwenden.			
4	Ich kann einen Alltagsgegenstand verändern.			
5	Ich kenne verschiedene Medien und kann sie auf Ausdrucksmöglichkeiten hin erkunden.			
6	Ich kann mein Kunstwerk in einer Ausstellung präsentieren.			
7	Ich kenne verschiedene Künstler und kann über die Kunstwerke erzählen und die Kunstepoche / Stilrichtung benennen.			

Dieses Stufenblatt wurde am **erreicht.**

Unterschrift Lehrer / in: **Unterschrift Schüler / in:**

Kriterienblatt Bildende Kunst
Stufe 3

Nr.	Kompetenz	Kriterien
1	Ich kenne den zwölfteiligen Farbkreis und kann mein Wissen über die Farben bewusst für die Bildgestaltung nutzen.	*Ich nutze meine Kenntnisse über den Farbkreis (Primär- und Sekundärfarben, Aufhellen, Abdunkeln, Farbfamilien, Farbkontraste, Eigenschaften...) zur Bildgestaltung.*
2	Ich kann zwischen Hoch- und Tiefdrucktechniken unterscheiden und kann die Arbeitsabläufe erläutern.	*Ich erprobe die Techniken und beschreibe anhand von Beispielen die unterschiedlichen Verfahrensweisen.*
3	Ich kenne verschiedene grafische Mittel und kann diese bewusst zur Bildgestaltung anwenden.	*Ich nutze die Möglichkeiten der unterschiedlichen Darstellung von Linien und Kritzel, z.B. dick-dünn, hell-dunkel, strukturierend, als Kontur- und Binnenzeichnung und gestalte ein Werk.*
4	Ich kann einen Alltagsgegenstand verändern.	*Ich verfremde den Gegenstand unter Berücksichtigung meiner Gestaltungsabsicht.*
5	Ich kenne verschiedene Medien und kann sie auf Ausdrucksmöglichkeiten hin erkunden.	*Ich benenne verschiedene Medien. Ich erkunde ein Medium aufgrund seiner Ausdrucksmöglichkeit, z.B. Fotokamera, Videokamera, Aufnahmegerät, Diaprojektor, filmische und fotografische Dokumentation.*
6	Ich kann mein Kunstwerk in einer Ausstellung präsentieren.	*Ich stelle mein Kunstwerk mit mehreren zusammen aus und stelle es einem Publikum vor.*
7	Ich kenne verschiedene Künstler und kann über die Kunstwerke erzählen und die Kunstepoche / Stilrichtung benennen.	*Ich benenne die Künstler und die Stilrichtung. Ich beschreibe den Bildinhalt und die Bildwirkung.*

Stufenblatt Bildende Kunst
Stufe 4

Name: **Jahr:**

Nr.	Kompetenz	Schüler/in	Lehrer/in	Beweis
1	Ich kann Farbkontraste für eine stimmungsvolle und farbwirksame Bildwirkung einsetzen.			
2	Ich kenne verschiedene Medien und kann sie bewusst, z.B. für die Planung eines Projektes, einsetzen.			
3	Ich kenne verschiedene Drucktechniken, kann sie gezielt für meine Gestaltungsvorhaben nutzen und zuordnen.			
4	Ich kann ein Bild / Objekt nach eigener Idee planen und aus verschiedenen Materialien herstellen.			
5	Ich kenne verschiedene Künstler, ihre Kunstwerke und Epochen, erkenne ihre künstlerischen Strategien und lasse mich inspirieren.			
6	Ich kenne einen ortsansässigen Künstler.			
7	Ich präsentiere meine Arbeiten nach ästhetischen Gesichtspunkten und nutze verschiedene Medien zur Dokumentation.			

Dieses Stufenblatt wurde am **erreicht.**

Unterschrift Lehrer / in: **Unterschrift Schüler / in:**

Kriterienblatt Bildende Kunst
Stufe 4

Nr.	Kompetenz	Kriterien
1	Ich kann Farbkontraste für eine stimmungsvolle und farbwirksame Bildwirkung einsetzen.	*Ich kann Farbkontraste für meine Bildaussage einsetzen.*
2	Ich kenne verschiedene Medien und kann sie bewusst, z.B. für die Planung eines Projektes, einsetzen.	*Ich kann die Wirklichkeit mittels der Kamera abbilden. Ich fotografiere oder filme selbst inszenierte Geschichten oder Aktionen.*
3	Ich kenne verschiedene Drucktechniken, kann sie gezielt für meine Gestaltungsvorhaben nutzen und zuordnen.	*Ich erkläre verschiedene Drucktechniken anhand von bekannten und eigenen Druckgrafiken, ordne sie zu und setze sie um, z.B. Hochdruck, Tiefdruck, Flachdruck.*
4	Ich kann ein Bild / Objekt nach eigener Idee planen und aus verschiedenen Materialien herstellen.	*Ich benutze selbstständig Material wie Holz, Draht, Pappe, Stein und Ton sowie entsprechendes Werkzeug und Verbindungen und treffe die richtige Auswahl. Ich erprobe verschiedene Bildträger und ihre Wirkungen. Ich erkunde und erkenne Farb- und Formzusammenhänge und verändere, verfremde und kombiniere.*
5	Ich kenne verschiedene Künstler, ihre Kunstwerke und Epochen, erkenne ihre künstlerischen Strategien und lasse mich inspirieren.	*Ich beschreibe Bilder verschiedener Zeiten und Kulturen in einem Vortrag. Ich nutze die künstlerischen Strategien für meine Bildgestaltung.*
6	Ich kenne einen ortsansässigen Künstler.	*Ich besuche einen ortsansässigen Künstler und erkunde seine Motivation und seine Schaffensweise.*
7	Ich präsentiere meine Arbeiten nach ästhetischen Gesichtspunkten und nutze verschiedene Medien zur Dokumentation.	*Ich präsentiere meine Arbeiten in würdiger und ansprechender Form und verdeutliche den Entstehungsweg, z.B. durch die Dokumentation.*

Stufenblatt Musik
Stufe 1

Name: **Jahr:**

Nr.	Kompetenz	Schüler/in	Lehrer/in	Beweis
1	Ich beteilige mich beim Singen in der Gruppe.			
2	Ich kann einfache Rhythmen spielen und selbst erfinden.			
3	Ich kann mit verschiedenen Instrumenten umgehen.			
4	Ich kann Klänge und Klangeigenschaften unterscheiden.			
5	Ich kann über die Wirkung von Musik sprechen.			
6	Ich kann Tänze in der Gruppe erarbeiten.			
7	Ich kann Musik in Bild und Grafik darstellen.			

Dieses Stufenblatt wurde am **erreicht.**

Unterschrift Lehrer / in: **Unterschrift Schüler/in:**

Kriterienblatt Musik
Stufe 1

Nr.	Kompetenz	Kriterien
1	Ich beteilige mich beim Singen in der Gruppe.	*Ich singe Kinderlieder, Lieder anderer Kulturkreise und Jahreszeitenlieder in der Gruppe. Dabei achte ich auf die Lautstärke und höre auf die anderen Sänger.*
2	Ich kann einfache Rhythmen spielen und selbst erfinden.	*Ich halte den Grundschlag und erarbeite einfache Rhythmen in der Gruppe mit Körper- und Orffinstrumenten.*
3	Ich kann mit verschiedenen Instrumenten umgehen.	*Ich kenne und benenne einige Rhythmus- und Melodieinstrumente und kann diese zum einfachen Spiel einsetzen und ausprobieren.*
4	Ich kann Klänge und Klangeigenschaften unterscheiden.	*Ich unterscheide und benenne unterschiedliche Klänge, z.B. blechern, hölzern, rauschend etc.*
5	Ich kann über die Wirkung von Musik sprechen.	*Ich höre Musikstücke aufmerksam und spreche über deren Wirkung, z.B. einzelne Instrumente, Gefühle.*
6	Ich kann Tänze in der Gruppe erarbeiten.	*Ich tanze nach Vorgabe in der Gruppe und führe freie Bewegungen zu Musik aus.*
7	Ich kann Musik in Bild und Grafik darstellen.	*Ich male Bilder zu Musik, wähle Farben selbstständig aus und spreche über mein Bild in der Gruppe.*

Stufenblatt Musik
Stufe 2

Name: **Jahr:**

Nr.	Kompetenz	Schüler/in	Lehrer/in	Beweis
1	Ich beteilige mich beim Singen in der Gruppe.			
2	Ich kann einfache mehrstimmige Rhythmen in der Gruppe wiedergeben und erfinden.			
3	Ich kann Klangverläufe beschreiben.			
4	Ich kann Musik in Bild und Zeichen darstellen.			
5	Ich kann über Werk und Leben eines Komponisten berichten.			
6	Ich kann mich zur Musik tänzerisch ausdrücken.			

Dieses Stufenblatt wurde am **erreicht.**

Unterschrift Lehrer / in: **Unterschrift Schüler / in:**

Kriterienblatt Musik
Stufe 2

Nr.	Kompetenz	Kriterien
1	Ich beteilige mich beim Singen in der Gruppe.	*Ich singe in der Gruppe einstimmig und im Kanon, nehme die andere Stimme wahr und kann auf diese hören.*
2	Ich kann einfache mehrstimmige Rhythmen in der Gruppe wiedergeben und erfinden.	*Ich übe vorgegebene Rhythmen ein und erfinde selbst einfache Rhythmen.*
3	Ich kann Klangverläufe beschreiben.	*Ich kenne und unterscheide einfache musikalische Gestaltungsmittel und kann diese mit entsprechenden Begriffen beschreiben.*
4	Ich kann Musik in Bild und Zeichen darstellen.	*Ich kenne Grundelemente der klassischen Notenschrift (ganze Note, halbe Note, Viertelnote). Ich gestalte mit selbst gewählten musikalischen Mitteln den Verlauf von Geschichten oder Bildern und wähle passende Instrumente für die Gestaltung aus.*
5	Ich kann über Werk und Leben eines Komponisten berichten.	*Ich kenne das Leben und einige Werke eines Komponisten.*
6	Ich kann mich zur Musik tänzerisch ausdrücken.	*Ich kenne verschiedene Tänze und kann diese umsetzen.*

Stufenblatt Musik
Stufe 3

Name: **Jahr:**

Nr.	Kompetenz	Schüler/in	Lehrer/in	Beweis
1	Ich beteilige mich beim Singen in der Gruppe.			
2	Ich kann mehrstimmige Rhythmen in der Gruppe musizieren und erfinderisch ergänzen.			
3	Ich kann Klangverläufe und musikalische Formen benennen und unterscheiden.			
4	Ich kenne Musikberufe und musikalische Tätigkeiten.			
5	Ich kenne die Notation im Violinschlüssel.			
6	Ich kann kulturell unterschiedliche Tänze erarbeiten und präsentieren.			
7	Ich kenne die Instrumentenfamilien.			
8	Ich kann selbst erfundene Geschichten musikalisch gestalten.			

Dieses Stufenblatt wurde am **erreicht.**

Unterschrift Lehrer / in: **Unterschrift Schüler / in:**

Kriterienblatt Musik
Stufe 3

Nr.	Kompetenz	Kriterien
1	Ich beteilige mich beim Singen in der Gruppe.	*Ich singe in der Gruppe und zu zweit einstimmig und mehrstimmig. Ich trage einfache Lieder auswendig vor.*
2	Ich kann mehrstimmige Rhythmen in der Gruppe musizieren und erfinderisch ergänzen.	*Ich übertrage gegebene Rhythmen auf Instrumente und erfinde eigene Rhythmen.*
3	Ich kann Klangverläufe und musikalische Formen benennen und unterscheiden.	*Ich erkenne beim Hören unterschiedliche musikalische Gestaltungsmittel und benenne diese. Ich äußere mich über meinen Musikgeschmack und kann den Musikgeschmack anderer tolerieren.*
4	Ich kenne Musikberufe und musikalische Tätigkeiten.	*Ich kenne und benenne einige musikalische Berufe und beschreibe deren Aufgaben.*
5	Ich kenne die Notation im Violinschlüssel.	*Ich kenne und benenne Schlüsselnoten der klassischen Notation im Violinschlüssel.*
6	Ich kann kulturell unterschiedliche Tänze erarbeiten und präsentieren.	*Ich erarbeite verschiedene Tänze und kann eigene Tanzschritte zu Musik erfinden.*
7	Ich kenne die Instrumentenfamilien.	*Ich kenne und unterscheide die Instrumentenfamilien und kann diese vorstellen.*
8	Ich kann selbst erfundene Geschichten musikalisch gestalten.	*Ich kann eine eigene Geschichte mit passenden Instrumenten vertonen und präsentieren.*

Stufenblatt Sport
Stufe 1

Name: **Jahr:**

Nr.	Kompetenz	Schüler/in	Lehrer/in	Beweis
1	Ich kann einen Ball fangen und gezielt werfen.			
2	Ich kann mich in Geschicklichkeit üben.			
3	Ich kann eine Schleife binden.			
4	Ich kann Fahrrad fahren.			
5	Ich kann sicher klettern.			
6	Ich kann eine einfache Turnübung durchführen.			
7	Ich kann gesunde Speisen nach einfachen Rezepten herstellen.			
8	Ich kenne die wichtigsten Körperteile und weiß, was ihre Funktion ist.			
9	Ich kann sagen, was meinem Körper gut tut und was ihm nicht so gut tut.			
10	Ich kann mich im Raum orientieren.			

Dieses Stufenblatt wurde am **erreicht.**

Unterschrift Lehrer / in: **Unterschrift Schüler/in:**

Kriterienblatt Sport
Stufe 1

Nr.	Kompetenz	Kriterien
1	Ich kann einen Ball fangen und gezielt werfen.	*Ich kann Entfernungen und Krafteinsatz einschätzen.*
2	Ich kann mich in Geschicklichkeit üben.	*Ich kann mit verschiedenen Körperteilen gleichzeitig unterschiedliche Bewegungen ausführen, z.B. Überkreuzungsübungen.*
3	Ich kann eine Schleife binden.	*Ich kann mit beiden Händen, dem Zeigefinger, Mittelfinger und Daumen ein Halte- oder Greifwerkzeug bilden, z.B. den Pinzettengriff, etwa bei Stifthaltung.*
4	Ich kann Fahrrad fahren.	*Ich kann das Gleichgewicht in der Fortbewegung halten und gleichmäßig in die Pedalen treten und lenken (mit oder ohne Stützräder).*
5	Ich kann sicher klettern.	*Ich kann mich aus eigener Muskelkraft hinaufziehen und festhalten, Hände, Arme und Beine gezielt platzieren und Entfernungen einschätzen.*
6	Ich kann eine einfache Turnübung durchführen.	*Rolle vorwärts: Ich kann das Kinn auf die Brust legen, den Rücken runden und mich mit den Beinen von der Matte vorwärts abdrücken.*
7	Ich kann gesunde Speisen nach einfachen Rezepten herstellen.	*Ich kann mir merken, welche Zutaten zusammen passen, z.B. für Salate oder Quarkspeisen.*
8	Ich kenne die wichtigsten Körperteile und weiß, was ihre Funktion ist.	*Ich kann die Lage und Funktion von Körperteilen grob benennen und erklären, wozu sie da sind, z.B. Skelett, Muskeln, Gehirn, Herz, Adern, Lunge, Magen, Darm.*
9	Ich kann sagen, was meinem Körper gut tut und was ihm nicht so gut tut.	*Ich kann benennen, was dem Körper gut tut, z.B. Bewegung, gesunde Ernährung oder was ihm nicht gut tut, z.B. zu viele Süßigkeiten.*
10	Ich kann mich im Raum orientieren.	*Ich kann mich nach vorne, hinten, links, rechts, oben und unten bewegen.*

Stufenblatt Sport
Stufe 2

Name: **Jahr:**

Nr.	Kompetenz	Schüler/in	Lehrer/in	Beweis
	Spiele			
1	Ich kann mit anderen zusammenspielen.			
2	Ich kann verschiedene Überkreuzbewegungen ausführen.			
	Gymnastik / Turnen			
3	Ich kann einfache gymnastische und tänzerische Übungen vorturnen.			
4	Ich kann das Gleichgewicht halten.			
5	Ich kann vorwärts in die Rückenlage rollen.			
	Leichtathletik			
6	Ich kann verschiedene Wurfgeräte werfen und erproben.			
7	Ich kann verschiedene Formen des Laufens durchführen.			
8	Ich kann verschiedene Formen des Springens erproben.			

Dieses Stufenblatt wurde am **erreicht.**

Unterschrift Lehrer / in: **Unterschrift Schüler / in:**

Kriterienblatt Sport
Stufe 2

Nr.	Kompetenz	Kriterien
	Spiele	
1	Ich kann mit anderen zusammenspielen.	*Ich verstehe einfache Spielregeln und halte diese ein. Ich handle gemeinsam mit anderen, nehme Rücksicht und gebe mein Bestes. Ich lasse meine Gefühle nicht an anderen aus, wenn ich gewinne oder verliere.*
2	Ich kann verschiedene Überkreuzbewegungen ausführen.	*Ich krabbele, krieche und robbe durch den Raum. Ich kann singen und mich gleichzeitig dazu bewegen.*
	Gymnastik / Turnen	
3	Ich kann einfache gymnastische und tänzerische Übungen vorturnen.	*Ich ahme eine mir vorgezeigte Übung nach. Ich traue mich einfache erlernte Übungen vorzuturnen.*
4	Ich kann das Gleichgewicht halten.	*Ich balanciere über eine Bank. Ich stehe auf Fußspitzen und hüpfe auf einem Bein.*
5	Ich kann vorwärts in die Rückenlage rollen.	
	Leichtathletik	
6	Ich kann verschiedene Wurfgeräte werfen und erproben.	*Ich werfe mit verschiedenen Wurfgeräten (Bälle, Ringe) und versuche mich im Zielen.*
7	Ich kann verschiedene Formen des Laufens durchführen.	*Ich laufe z.B. rückwärts, seitwärts im Hopserlauf. Ich umlaufe Hindernisse. Ich laufe ausdauernd und ändere meine Richtung oder Bewegung nach einem Signal.*
8	Ich kann verschiedene Formen des Springens erproben.	*Ich springe in die Weite, in die Höhe und führe Mehrfachsprünge, Zielsprünge und Sprünge über Hindernisse aus.*

Stufenblatt Sport
Stufe 3

Name: **Jahr:**

Nr.	Kompetenz	Schüler/in	Lehrer/in	Beweis
	Spiele			
1	Ich kann mich aktiv an den Spielangeboten beteiligen.			
2	Ich kann neue Spiele erlernen.			
3	Ich kann mit einem Ball umgehen.			
4	Ich kann das Zusammenwirken in einer Mannschaft verstehen und zielgerichtet handeln.			
	Gymnastik / Turnen			
5	Ich kann einfache gymnastische und tänzerische Übungen mit Geräten vorturnen.			
6	Ich kann das Gleichgewicht halten.			
7	Ich kann eine Vorwärtsrolle ausführen.			
	Leichtathletik			
8	Ich kann verschiedene Laufformen ausüben: Schnelllauf, Dauerlauf, Hindernislauf.			
9	Ich kann verschiedene Wurfgeräte werfen.			
10	Ich kann verschiedene Formen des Springens erproben und anwenden.			

Dieses Stufenblatt wurde am **erreicht.**

Unterschrift Lehrer / in: **Unterschrift Schüler / in:**

Kriterienblatt Sport
Stufe 3

Nr.	Kompetenz	Kriterien
	Spiele	
1	Ich kann mich aktiv an den Spielangeboten beteiligen.	*Ich verstehe einfache Spielregeln und halte diese ein. Ich handle gemeinsam mit anderen, nehme Rücksicht und gebe mein Bestes. Ich lasse meine Gefühle nicht an anderen aus, wenn ich gewinne oder verliere. Ich zeige Spielfreude und Lust auf Bewegung und traue mich, meine Wünsche zu äußern.*
2	Ich kann neue Spiele erlernen.	*Ich höre zu, wenn neue Spielregeln erklärt werden und stelle Fragen, wenn ich etwas nicht verstanden habe. Ich probiere neue Spiele aus und lasse mich auf Herausforderungen ein.*
3	Ich kann mit einem Ball umgehen.	*Ich habe keine Angst vor dem Ball. Ich werfe, fange, rolle, prelle einhändig / beidhändig und kicke einen Ball mit dem Fuß. Ich bin aufmerksam und fange den Ball mit beiden Händen aus der Luft. Ich kann meinen Krafteinsatz kontrollieren und Entfernungen richtig einschätzen.*
4	Ich kann das Zusammenwirken in einer Mannschaft verstehen und zielgerichtet handeln.	*Ich verstehe, dass ich in einer Gruppe mit den anderen zusammenarbeiten muss, um ein gemeinsames Ziel zu erreichen.*
	Gymnastik / Turnen	
5	Ich kann einfache gymnastische und tänzerische Übungen mit Geräten vorturnen.	*Ich ahme eine mir vorgezeigte Übung mit Geräten nach. Ich denke mir eigene Übungsformen aus. Ich traue mich, von mir selbst ausgedachte Übungen anderen vorzumachen.*
6	Ich kann das Gleichgewicht halten.	*Ich halte meine Balance. Ich balanciere über eine Bank. Ich stehe auf Fußspitzen. Hüpfe auf einem Bein. Ich kann eine Standwaage.*
7	Ich kann eine Vorwärtsrolle ausführen.	*Ich rolle aus dem Hockstand in den Sitz.*
	Leichtathletik	
8	Ich kann verschiedene Laufformen ausüben: Schnelllauf, Dauerlauf, Hindernislauf.	*Ich starte konzentriert und beschleunige schnell. Ich laufe ausdauernd in einem gleichmäßigen Tempo. Ich umlaufe und überwinde geschickt einfache Hindernisse.*
9	Ich kann verschiedene Wurfgeräte werfen.	*Ich werfe zielgerichtet in die Höhe und Weite.*
10	Ich kann verschiedene Formen des Springens erproben und anwenden.	*Ich springe mit Anlauf in die Weite und über Hindernisse. Ich führe Mehrfachsprünge und Zielsprünge nach Anleitung aus.*

Stufenblatt Sport
Stufe 4

Name: **Jahr:**

Nr.	Kompetenz	Schüler/in	Lehrer/in	Beweis
	Organisationsformen			
1	Ich kann verschiedene Aufstellungsformen einnehmen.			
2	Ich kann verschiedene Wege durch den Raum nachvollziehen.			
	Spiele			
3	Ich kann mich aktiv an den Spielangeboten beteiligen.			
4	Ich kann neue Spiele erlernen.			
5	Ich kann mich im Spielraum orientieren und kontrolliert bewegen.			
6	Ich kann geschickt mit einem Ball umgehen.			
7	Ich kann das Zusammenwirken in einer Mannschaft verstehen und zielgerichtet handeln.			

Nr.	Kompetenz	Schüler/in	Lehrer/in	Beweis
	Gymnastik / Turnen			
8	Ich kann verschiedene turnerische und gymnastische Elemente miteinander verbinden.			
9	Ich kann mein Gleichgewicht im Stand und in der Bewegung halten.			
10	Ich kann eine Rolle vorwärts und rückwärts ausführen.			
	Leichtathletik			
11	Ich kann in einfacher Form den Schlagwurf ausführen.			
12	Ich kann verschiedene Laufformen ausüben: Schnelllauf, Dauerlauf, Hindernislauf.			
13	Ich kann einen Weitsprung mit Anlauf.			

Dieses Stufenblatt wurde am **erreicht.**

Unterschrift Lehrer / in: **Unterschrift Schüler / in:**

Kriterienblatt Sport
Stufe 4

Nr.	Kompetenz	Kriterien
	Organisationsformen	
1	Ich kann verschiedene Aufstellungsformen einnehmen.	*Ich kenne die Aufstellungsformen, z.B. Riege, Reihe, Linie, Kreis, Gasse und finde meinen Platz in der jeweiligen Form.*
2	Ich kann verschiedene Wege durch den Raum nachvollziehen.	*Ich gehe z.B. diagonal, kreisförmig, eckig, schlängelförmig durch den Raum.*
	Spiele	
3	Ich kann mich aktiv an den Spielangeboten beteiligen.	*Ich zeige Spielfreude und Lust auf Bewegung. Ich verstehe die Spielregeln und halte diese ein. Ich handle gemeinsam mit anderen, nehme Rücksicht und gebe mein Bestes. Ich lasse meine Gefühle nicht an anderen aus, wenn ich gewinne oder verliere.*
4	Ich kann neue Spiele erlernen.	*Ich höre zu, wenn neue Spielregeln erklärt werden und stelle Fragen, wenn ich etwas nicht verstanden habe. Ich probiere neue Spiele aus und lasse mich auf Herausforderungen ein.*
5	Ich kann mich im Spielraum orientieren und kontrolliert bewegen.	*Ich bewege mich aktiv und aufmerksam im Spielfeld, ohne mich und andere Kinder durch Handlungen zu gefährden.*
6	Ich kann geschickt mit einem Ball umgehen.	*Ich kann den Ball in verschiedenen Spiel- und Übungssituationen kontrollieren. Ich bin aufmerksam und fange den Ball sicher mit beiden Händen in verschiedenen Situationen aus der Luft.* *Ich werfe hoch und weit, rolle gezielt, beim Prellen in der Fortbewegung arbeite ich einhändig / beidhändig ohne Blickkontakt zum Ball. Ich kicke und stoppe einen Ball mit dem Fuß. Ich kann meinen Krafteinsatz kontrollieren und Entfernungen richtig einschätzen. Ich treffe ein Ziel.*
7	Ich kann das Zusammenwirken in einer Mannschaft verstehen und zielgerichtet handeln.	*Ich arbeite mit meinem Team zusammen, um ein gemeinsames Ziel zu erreichen. Ich kenne und nutze meine Stärken und erkenne Schwächen meiner Mitspieler bzw. Gegner.*

Nr.	Kompetenz	Kriterien
	Gymnastik / Turnen	
8	Ich kann verschiedene turnerische und gymnastische Elemente miteinander verbinden.	*Ich denke mir eigene turnerische und gymnastische Elemente aus und verbinde diese. Ich traue mich, von mir selbst ausgedachte Übungen anderen vorzumachen.*
9	Ich kann mein Gleichgewicht im Stand und in der Bewegung halten.	*Ich gleiche Unsicherheiten aus, z.B. durch Fixieren eines Punktes, ruhige Atmung. Ich halte meine Balance durch Konzentration. Ich balanciere über eine Bank. Ich kann eine Standwaage auf einer Bank. Ich stehe auf Fußspitzen. Ich stehe auf einem Bein und bewege andere Körperteile.*
10	Ich kann eine Rolle vorwärts und rückwärts ausführen.	*Ich benenne die Merkmale der Rollen und kann sie umsetzen. Ich führe z.B. nach einer Vorwärtsrolle eine Standwaage aus und finde mein Gleichgewicht wieder.*
	Leichtathletik	
11	Ich kann in einfacher Form den Schlagwurf ausführen.	*Ich führe die richtige Armbewegung im Stand aus.*
12	Ich kann verschiedene Laufformen ausüben: Schnelllauf, Dauerlauf, Hindernislauf.	*Ich stehe bereit, starte konzentriert und sprinte, bleibe in meiner Bahn. Ich laufe eine bestimmte Zeitspanne ausdauernd in einem gleichmäßigen Tempo mit ruhiger Atmung. Ich überwinde Hürden mit Anlauf.*
13	Ich kann einen Weitsprung mit Anlauf.	*Ich springe mit Anlauf in die Weite und über Hindernisse. Ich kann mit einem Maßband nachmessen, wie weit ich oder andere gesprungen sind.*

Stufenblatt Englisch
Stufe 1

Name: **Jahr:**

Nr.	Kompetenz	Schüler/in	Lehrer/in	Beweis
	Hören und Verstehen			
1	Ich kann die englische Sprache von anderen Sprachen unterscheiden.			
2	Ich kann einzelne Elemente der Sprache erkennen und verstehen.			
	Sprechen			
3	Ich kann bekannte Wörter nachsprechen.			
	Lesen			
4	Ich erkenne einzelne englische Wörter, die mir im Alltag oder im Unterricht begegnen, am Schriftbild.			
5	Ich kann einzelne Wörter, Sätze und sehr kurze, einfache Texte verständlich vorlesen.			
	Schreiben			
6	Ich kann vertraute Wörter, Sätze und kleine Texte abschreiben.			
	Sprachgebrauch			
7	Ich kann mit einfachen Sätzen etwas erzählen.			

Dieses Stufenblatt wurde am **erreicht.**

Unterschrift Lehrer / in: **Unterschrift Schüler/in:**

Kriterienblatt Englisch
Stufe 1

Nr.	Kompetenz	Kriterien
	Hören und Verstehen	
1	Ich kann die englische Sprache von anderen Sprachen unterscheiden.	*Ich verstehe anhand von vertrauten Wörtern und der Sprachmelodie, ob Englisch oder eine andere Sprache gesprochen wird.*
2	Ich kann einzelne Elemente der Sprache erkennen und verstehen.	*Ich verstehe Äußerungen in einfachen Gesprächen mit vertrauten Personenkreisen, Orten und Umgebungen, wenn deutlich und langsam in ganz einfacher Sprache gesprochen wird.*
	Sprechen	
3	Ich kann bekannte Wörter nachsprechen.	*Ich kann mit vertrauten Wörtern auf einfache, vertraute Fragen zu Alltagssituationen antworten, wenn mir dabei durch Mimik und Gestik geholfen wird.*
	Lesen	
4	Ich erkenne einzelne englische Wörter, die mir im Alltag oder im Unterricht begegnen, am Schriftbild.	*Ich verstehe zuvor gehörte und erarbeitete Begriffe auch lesend. Ich weiß, dass sich die Laut-Buchstaben-Zuordnung des Englischen von der deutschen Sprache unterscheidet.*
5	Ich kann einzelne Wörter, Sätze und sehr kurze, einfache Texte verständlich vorlesen.	*Ich bin mit dem englischen Schriftbild so vertraut, dass ich einzelne Wörter, Sätze und sehr kurze, einfache Texte verständlich vorlesen kann, wenn ich diese zuvor in Verbindung mit dem Schriftbild gehört habe.*
	Schreiben	
6	Ich kann vertraute Wörter, Sätze und kleine Texte abschreiben.	*Ich kann typische Buchstabenfolgen des Englischen richtig abschreiben. Ich kenne einfache Regeln der Wortbildung und nutze sie als Schreibhilfe (z.B. Verb – Nomen: drive – driver; teach – teacher).*
	Sprachgebrauch	
7	Ich kann mit einfachen Sätzen etwas erzählen.	*Ich kann einfache Fragen und Aufforderungen formulieren, über Ereignisse in der Gegenwart berichten, Personen oder Gegenstände beschreiben.*

Stufenblatt Englisch
Stufe 2

Name: **Jahr:**

Nr.	Kompetenz	Schüler/in	Lehrer/in	Beweis
	Hören und Verstehen			
1	Ich kann bei gehörten einfachen Texten verstehen, worum es geht.			
	Sprechen			
2	Ich kann bekannte Wörter spielerisch verwenden.			
	Lesen			
3	Ich verstehe beim Lesen kurze Texte.			
4	Ich kann einzelne Wörter, Sätze und kurze, einfache Texte in richtiger Aussprache vorlesen.			
	Schreiben			
5	Ich kann eine Reihe von oft gehörten, gesprochenen und gesehenen Wörtern und kurzen Sätzen auswendig schreiben.			
	Sprachgebrauch			
6	Ich kann mit einfachen Sätzen etwas erzählen.			

Dieses Stufenblatt wurde am **erreicht.**

Unterschrift Lehrer / in: **Unterschrift Schüler / in:**

Kriterienblatt Englisch
Stufe 2

Nr.	Kompetenz	Kriterien
	Hören und Verstehen	
1	Ich kann bei gehörten einfachen Texten verstehen, worum es geht.	*Ich kann auf das Thema in Hörtexten schließen, wenn deutlich und langsam in ganz einfacher Standardsprache über vertraute Inhalte gesprochen wird.*
	Sprechen	
2	Ich kann bekannte Wörter spielerisch verwenden.	*Ich kann mit vertrauten Wörtern zum Beispiel in kurzen Dialogen antworten, mir bekannte Reime geringfügig verändern, Teile eines längeren Textes auswendig sprechen bzw. singen.*
	Lesen	
3	Ich verstehe beim Lesen kurze Texte.	*Ich verstehe beim Lesen kurze Texte, über die wir vorher gesprochen haben.*
4	Ich kann einzelne Wörter, Sätze und kurze, einfache Texte in richtiger Aussprache vorlesen.	*Ich weiß, wie mir bekannte Vokabeln richtig ausgesprochen werden.*
	Schreiben	
5	Ich kann eine Reihe von oft gehörten, gesprochenen und gesehenen Wörtern und kurzen Sätzen auswendig schreiben.	*Ich kann vertraute Namen und häufig verwendete Ausdrücke in Englisch schreiben.*
	Sprachgebrauch	
6	Ich kann mit einfachen Sätzen etwas erzählen.	*Ich weiß, wie einfache Sätze gebildet werden (S-P-O), kenne die Pluralbildung, kenne bestimmte und unbestimmte Artikel, Personalpronomen und wichtige Adjektive.*

Stufenblatt Englisch
Stufe 3

Name: **Jahr:**

Nr.	Kompetenz	Schüler/in	Lehrer/in	Beweis
	Hören und Verstehen			
1	Ich kann einen gehörten Text verstehen.			
	Sprechen			
2	Ich kann mit anderen ein Gespräch über alltägliche Themen führen.			
	Lesen			
3	Ich verstehe beim Lesen kurze, einfache Texte über mir vertraute Themen.			
4	Ich kann Texte mit überwiegend bekannten Wörtern verständlich vorlesen.			
	Schreiben			
5	Ich kann einfache bekannte Sätze verfassen.			
	Sprachgebrauch			
6	Ich kann mich sprachlich zu vielen Themen in verständlicher Form äußern.			

Dieses Stufenblatt wurde am **erreicht.**

Unterschrift Lehrer / in: **Unterschrift Schüler/in:**

Kriterienblatt Englisch
Stufe 3

Nr.	Kompetenz	Kriterien
	Hören und Verstehen	
1	Ich kann einen gehörten Text verstehen.	*Ich lese mit deutlicher Aussprache einen vorbereiteten Text vor.*
	Sprechen	
2	Ich kann mit anderen ein Gespräch über alltägliche Themen führen.	*Ich höre Personen mit unterschiedlichen Emotionen und Bedürfnissen zu und verstehe die Bedeutung des Gesagten, wie z.B. Fragen, Aussagen, Gefühle wie Wut, Trauer, Glück.*
	Lesen	
3	Ich verstehe beim Lesen kurze, einfache Texte über mir vertraute Themen.	*Ich lese einfache Bücher laut und still und verstehe mit Hilfe der Bilder den Inhalt.*
4	Ich kann Texte mit überwiegend bekannten Wörtern verständlich vorlesen.	*Ich kann einfache, kurze Texte nach Vorbereitung deutlich artikuliert vorlesen, sodass andere mich verstehen.*
	Schreiben	
5	Ich kann einfache bekannte Sätze verfassen.	*Ich kann auf der Basis einfacher grammatischer Strukturen und bekannter Worte einfache, kurze Beschreibungen von Personen, Gegenständen, Ereignissen und vergangenen Handlungen verfassen.*
	Sprachgebrauch	
6	Ich kann mich sprachlich zu vielen Themen in verständlicher Form äußern.	*Ich verwende den mir vertrauten Wortschatz sowie einige einfache Strukturen angemessen, wobei noch elementare Fehler vorkommen können.* *Ich kann Personen, Sachen und Geschehnisse benennen, Zeit- und Ortsangaben machen, Mengen angeben, Antworten und Fragen formulieren, Auskünfte einholen, Bitten, Aufforderungen und einfache Wünsche verstehen und ausdrücken, mit Zeitformen umgehen, Abfolgen von Handlungen und Sachverhalten ausdrücken und Sätze verknüpfen.*

Stufenblatt Soziale Entwicklung

Name: **Jahr:**

Nr.	Kompetenz	Schüler/in	Lehrer/in	Beweis
1	Ich traue mich, meine Meinung zu sagen.			
2	Ich kann mich um andere kümmern und ihnen helfen.			
3	Ich störe andere nicht bei ihrer Tätigkeit.			
4	Ich arbeite selbstständig und beende angefangene Arbeiten.			
5	Ich gehe mit unseren Sachen verantwortlich um.			
6	Ich folge aufgestellten Regeln.			
7	Ich stehe zu dem, was ich gemacht habe.			
8	Ich kann anderen zuhören, ohne sie zu unterbrechen.			
9	Ich bin ein guter, verlässlicher Mitschüler. Ich bin eine gute, verlässliche Mitschülerin.			
10	Ich kann abwarten, bis ich an der Reihe bin.			
11	Ich kann Konflikte mit Worten lösen.			

Dieses Stufenblatt wurde am **erreicht.**

Unterschrift Lehrer / in: **Unterschrift Schüler/in:**

Stufenblatt für das Fach

Stufe

Name: **Jahr:**

Nr.	Kompetenz	Schüler/in	Lehrer / in	Beweis

Dieses Stufenblatt wurde am **erreicht.**

Unterschrift Lehrer / in: **Unterschrift Schüler/in:**

Kriterienblatt für das Fach ______________________________

Stufe ______________________________

Nr.	Kompetenz	Kriterien

Geschafft, gelernt!

Zielauswertung für das Portfolio

Name: **Datum:**

Das habe ich erreicht:

Lernbereich:

Stufenblatt:

Kompetenz:

Auf diesem Weg habe ich mein Ziel erreicht:

Kommentar des Lehrers:

Trage ein, welches Ziel du erreicht hast. Schreibe darunter auf, warum du meinst, dein Ziel erreicht zu haben und achte dabei auf die Kriterien. Bitte deinen Lehrer oder deine Lehrerin um einen Kommentar und hefte das Blatt zusammen mit dem Lernbeweis in deinem Portfolio ab. Oder illustriere das Blatt mit einem Foto.

Elternseite im Portfolio

Name: **Datum:**

Das alles hat mir in deiner Mappe besonders gefallen:

Ich wünsche mir, dass du daran weiter arbeitest:

Unterschrift Eltern: **Unterschrift Kind:**

Ziel-Karten

Lernbereich:	Stufe	Nr.	Erreicht?
Kompetenz: ☐ Gruppenziel ☐ Ziel für: ______			

Lernbereich:	Stufe	Nr.	Erreicht?
Kompetenz: ☐ Gruppenziel ☐ Ziel für: ______			

Lernbereich:	Stufe	Nr.	Erreicht?
Kompetenz: ☐ Gruppenziel ☐ Ziel für: ______			

Lernbereich:	Stufe	Nr.	Erreicht?
Kompetenz: ☐ Gruppenziel ☐ Ziel für: ______			

Das bin ich

Ich heiße: **Datum:**

So alt bin ich gerade:

So groß bin ich gerade:

Damit spiele ich gerade am liebsten:

In der Schule interessiere ich mich gerade besonders dafür:

Meine Lieblingsfarben, Lieblingstiere, Lieblingsmenschen sind gerade:

Das möchte ich noch über mich erzählen:

Vielleicht bin ich in einem Jahr so:

Als Erwachsener möchte ich werden:

Meine Unterschrift:

Meine Gruppe

Ich heiße: **Datum:**

Wer gehört zu deiner Bezugsgruppe? Male Bilder von den anderen, schreib ihre Namen auf oder sammle Fotos. Auch, damit du dich später daran erinnern kannst.

Tabelle A: Ergebnisse Stufenauswertung über alle Lernbereiche

Klasse / Lerngruppe: .... Datum: ....

Stufe	Deutsch	Mathe-matik	Sach-unterricht	Bildende Kunst	Musik	Sport	Englisch
6							
5							
4							
3							
2							
1							
Durch-schnitts-wert							

Tabelle B: Entwicklung der Gruppe in Bezug auf die Mittelwerte

Klasse / Lerngruppe: ....

Fach: .... Datum: ....

Stufe	Nach 1 Halbjahr	Nach 1 Jahr	Nach 1,5 Jahren	Nach 2 Jahren	Nach 2,5 Jahren	Nach 3 Jahren	Nach 3,5 Jahren	Nach 4 Jahren
6								
5								
4								
3								
2								
1								
Durch-schnitts-wert								

Tabelle C: Vergleich zwischen Lerngruppen in Bezug auf ein Fach

Fach: ______________________ Datum: ______________

Stufe	Gruppe	Gruppe	Gruppe	Gruppe	Gruppe	Mittelwert
6						
5						
4						
3						
2						
1						
Durch-schnitts-wert						

Lotusplan

Monat:

Aktionen

Ziele

Aktionen

Ziele

Aktionen

Ziele

Aktionen

Ziele

Schwerpunkte

Monatsthema

Aktionen

Ziele

Aktionen

Ziele

Aktionen

Ziele

Aktionen

Ziele

Autoren und Herausgeberin

Michael Fink

Michael Fink hat an der Universität der Künste Berlin Bildende Kunst auf Lehramt studiert. Nach mehrjähriger Tätigkeit an einer Grundschule begann er seine mittlerweile langjährige Zusammenarbeit mit KLAX, entwickelte dort mit und für Kolleginnen aus der Praxis Konzepte für die Arbeit in Kinderateliers, die Portfolioarbeit, die Krippenarbeit und das Qualitätsmanagement. Michael Fink hat an vielen der KLAX-Veröffentlichungen als Autor mitgewirkt, eigene kunstpädagogische Bücher und zahlreiche Fachartikel verfasst. Sein Anliegen ist es immer, mit anschaulichen Texten neue Ideen für die Praxis nutzbar zu machen, um so die Pädagogik im Sinne der Kinder zu verändern. Michael Fink gibt sein Wissen auch in Fortbildungen weiter, ist Vater von drei Töchtern und lebt in Berlin.

Benjamin Bell

Benjamin Bell studierte Erziehungswissenschaften und Germanistik an der Freien Universität Berlin und ist Vater von zwei Kindern. Er ist maßgeblich an der Entwicklung der KLAX-Pädagogik beteiligt, einer kompetenzorientierten Pädagogik, die das einzelne Individuum im Blick hat und es in seiner Entwicklung und Bildung unterstützt. Durch Veröffentlichungen und regen Austausch mit europäischen Partnern sorgt Benjamin Bell für die theoretische Begründung der KLAX-Pädagogik und begleitet deren wissenschaftliche Fundierung im Rahmen von Forschungsvorhaben.
Als Autor von pädagogischen Fachbüchern und Artikeln beteiligt sich Benjamin Bell an der öffentlichen Diskussion von gesellschaftlichen, insbesondere bildungstheoretischen Fragen und ist als Dozent für Fortbildungen zur KLAX-Pädagogik bundesweit tätig.

Antje Bostelmann

Antje Bostelmann ist ausgebildete Erzieherin und bildende Künstlerin. 1990 gründete sie KLAX, anfangs als private Malschule und Nachmittagsbetreuung mit künstlerischem Schwerpunkt, heute ein überregionaler Bildungsträger mit Krippen, Kindergärten und Schulen in Deutschland und Schweden. Sie entwickelte die KLAX-Pädagogik, ein modernes pädagogisches Konzept, welches das Kind in den Mittelpunkt der pädagogischen Arbeit stellt und das allen KLAX-Einrichtungen zu Grunde liegt. Als Erfinderin der KLAX-Pädagogik ist sie maßgeblich an der Etablierung der Portfolioarbeit und des selbstorganisierten Lernens in Deutschland beteiligt. Dabei engagiert sie sich für einen europaweiten pädagogischen Austausch und für die Umsetzung der von der UN in der Welt-Dekade „Bildung für nachhaltige Entwicklung“ ausgerufenen Inhalte. Sie entwickelt Lern- und Spielmaterialien für die Arbeit in Kindergarten und Krippe. Seit 1995 hat sie zahlreiche pädagogische Fachbücher veröffentlicht, darunter viele Bestseller. 2008 wurden sie und ihr Autorenteam vom Verlag an der Ruhr zum Autorenteam des Jahres gewählt.
Antje Bostelmann liegt nicht nur das Wohl der Kinder am Herzen, sondern auch das ihrer Mitarbeiter. Das findet bundesweit Anerkennung, wie zum Beispiel die Top-Job-Auszeichnungen 2005 und 2010 beweisen. Antje Bostelmann ist Mutter von drei Kindern und lebt in Berlin.

Die KLAX-Gruppe

Stets an den Bedürfnissen von Kindern und Familien orientiert, entwickelte KLAX sich vom Kindergartenträger zu einem international agierenden Bildungsunternehmen. Zur KLAX-Gruppe gehören neben Krippen, Kindergärten und Schulen auch ein Cateringunternehmen, ein Aus- und Fortbildungsinstitut sowie eine Fachschule für Erzieher und Sozialassistenten.
Die KLAX-Pädagogik ist in der europäischen Fachwelt eine feste Größe. Das durchgängige Bildungssystem von der Krippe bis zur Erwachsenenbildung erfährt mittlerweile internationale Anerkennung. KLAX ist Vorreiter in der Entwicklung pädagogischer Methoden und Umsetzungskonzepte. Der neu gegründete Verlag Bananenblau als jüngstes Mitglied der KLAX-Gruppe veröffentlicht pädagogische Fachliteratur.

Tipps zum Weiterlesen

Bostelmann, Antje / Fink, Michael:
Kompetenzorientierung leicht gemacht:
Methodenmaterial, Arbeitshilfen und Vorlagen
für die Grundschule
Erscheint bei Bananenblau
im Dezember 2010.

Bostelmann, Antje (Hrsg.):
Stufenblätter für Kita und Kindergarten
Das Arbeitsmaterial für die individuelle Entwicklungsplanung mit dem Portfolio
Bananenblau
Berlin, 2010

Bostelmann, Antje (Hrsg.):
Achtung Eltern! in der Grundschule
Die Kunst, zu kooperieren und
Grenzen zu setzen
Verlag an der Ruhr
Mülheim an der Ruhr, 2007

Zetterström, Agneta:
Individuelle Entwicklungspläne. Schüler
optimal begleiten und fördern –
Das schwedische Modell
Verlag an der Ruhr
Mülheim an der Ruhr, 2007

Bostelmann, Antje / Fink, Michael:
Pädagogische Prozesse planen,
durchführen, evaluieren
Cornelsen Scriptor
Mannheim, 2007

Bostelmann, Antje (Hrsg.):
Das Portfolio-Konzept in der Grundschule
Individualisiertes Lernen organisieren
Verlag an der Ruhr
Mülheim an der Ruhr, 2006

Grace, Cathy / Shores, Elizabeth
Das Portfolio-Buch für Kindergarten und Grundschule
Verlag an der Ruhr
Mülheim an der Ruhr, 2005